人物図書館

～ひとはだれでも一冊の本である～

坂口雅樹 編著

推薦のことば

図書館員に対する世間のイメージは「おとなしい」「本好き」ではないでしょうか。口数の少ない図書館員が仕事の合間に読書をしている姿——現実に見かけることはありませんが——は、小説やドラマでもしばしば描かれています。「本が嫌い」という図書館員に会ったことはありませんので、程度の差はあるものの、「本好き」はおおよそイメージどおりといってよいと思います。「おとなしい」というイメージも、例外はたくさん存在するものの、確かにうなずけるところがあります。ただし、普段は、という条件つきです。

書店や図書館で、おとなしいデザインの表紙がなぜか気になって手に取ってみた本がことのほかおもしろく、一気に読んでしまったという経験を持つ人は少なくないでしょう。図書館員も普段はおとなしいかもしれません。しかし、いったん語り出すと止まりません。抱いていた図書館員のイメージはどんどん薄れていきます。閉じていた表紙が開かれた瞬間から、本の世界に引き込まれていくように。

すべての本――それがデジタルであっても――は、人が著し、人が編んでいます。本は人そのものです。図書館員が「本好き」だとするならば、これほど「人好き」である人たちもいないといえるでしょう。「人好き」が人に話し始めたら止まらないのもうなずけます。

本が人そのものならば、逆もしかり。人は本そのものともいえます。「本」たちが集まり、語り合おうというのが人物図書館という取り組みです。語りを通して「本」が著される現場に立ち会い、質疑応答やフリートークを通して「本」をみんなで編んでいく試みであると表現するほうがよいかもしれません。

今回、人物図書館がこうして一冊の本になりました。その場にいなければ読めなかった「本」を、ページをめくれば味わうことができます。この「推薦のことば」などもう読み飛ばして、さっそく本文に進んでください！

……といいつつ、もう少し続けさせてください。人物図書館には、図書館員以外――いわば図書館に集う人たち――もたくさん参加しています。冒頭に図書館員に対するイメージについて書きましたが、図書館に集う人たちに対する世間――特に図書館にあまり通わない人たち――のイメージも「おとなしい」「本好き」ではないでしょうか。しかし、ここまでの文章の「図書館員」を「図書館利用者」と置き換えてみてください。本好き（人好き）な、普段はおとなしい（ように見える）人たちが、口を開いたとたん、語り尽くしている姿が浮かんでくるはずです。

図書館とは本と人を結びつける場だと言われています。しかし、本当は人と人を結びつけているのではないでしょうか。人物図書館は、まさに人と人を結びつける、図書館の原点を思い起こさせてくれる取り組みです。

自分は本が好きじゃないから図書館には縁がない、という人もいるかもしれません。しかし、「人嫌い」の人などいない――と私は信じています――のですから、「本嫌い」の人も本来、いないのです。文章を読むのが苦手であっても、読み聞かせが嫌いな子どもはいません。人はみな、「本好き」なのです。先ほど「図書館に集う人たち」と書きましたが、そこには、図書館を利用したことのない人たちも含めて、あらゆる人たちが当てはまるのです。人物図書館は、誰もが「本」として、また読み手として参加することができます。図書館の存在意義を世の中――特に図書館に縁がないと思っている人たち――に伝える壮大な取り組みでもあるのです。

２０１８年12月

青山学院大学教育人間科学部教授

野末　俊比古

〈目　次〉

2 愛知県名古屋市

3 北海道札幌市

10 神奈川県横浜市

11 東京都新宿区

12 番外編

はじめに

人はその生涯において、自己を語る場面に出逢うときが必ずある。語りは言葉による。言葉には、音声と文字の二つがある。読者がこれから目にするのは、長崎から札幌まで、日本各地11の拠点で、ある時はレストランで、ある時は図書館に人が集まって語った音声の記録である。もう一つは声にならなかった言葉の記録、つまりエッセイである。

自己とは何か？ 自分を知ろうとする自分がいる一方、それと同時に知られる自分がいる。知ろうとする自分と知られる自分の存在は他者との関係性で揺れ動く。他人と交わるときにこの関係性は揺らぎ、ある時は絶望に苛まれることもあるが、またある時は慰めにもなる。我々は誰でも等しく経験という自分で定めたレールに乗って生きている。そこには喜びも悲しみも嘆きも慰めも、ただ一つになって線路の彼方まで続いている、としか形容のしようがない。しかしその途中には必ず駅がある。駅があれば交わりがある。そこは人生の目的を問う場所であり、生きまどう自分に決別しようとするときである。しかし、そのときはすでにそこには、人生の目的を問う自分は消えて、逆に人生が自分に問うていることに気がつくはずである。

話を聴いてほしい、想いを伝えたい。だから話そう、聴いて確かめよう。知らないことを知ろう。我らは著名人でもない市井の図書館員であり、司書であり教員であり、図書館利用者なのだ。あなたが「生きた本」ならばそれでいいではないか。話そう、もっと、楽しく、笑おう。こうして本のない図書館が生まれた。

語りの図書館は長野県塩尻市において人間図書館として産声を上げた。その時の発表リストのテーマが残っていた。「①子どもと本をつなぐ　モーリス・センダックの残したモノ、②高校生と読書、③図書館と村上春樹の楽しい関係、④楽しい老後、⑤即興詩人、⑥図書館建築の在り方、⑦サラリーマン　大学図書館で働く、⑧図書館と趣味と私、⑨らいぶな図書館ばなし、⑩図書館のミタ～わたしだけが知っている、⑪つながる図書館員」

「人間図書館」は、図書館員が、図書館に籠るのではなく、もっと自由にもっと遠くへ、もっと元気を出してもらえるようにという想いで企画して始まった。そしてすぐに「人物図書館」に名前を変えた。人間ではあまりにも個人的でないからである。図書館の参考図書に人物事典があるように、ページをめくれば人名が列挙されている。

本書は3部構成である。

第1部は「人物図書館」で過去3年間計11回にわたって開催した思い出を記録したものである。人物図書館は「施設も蔵書もない人だけの図書館」である。簡単に言えばレストランなどの飲食ができる場に仮想図書館が蜃気楼のごとくできるということである。その中身はまさに砂漠にわくオアシスである。学校、公共、大学そして専門の各図書館の枠を越えて、図書館員或いは図書館利用者が10人から25人程度集まって、傍から見れば何やら怪しい事が始まる。それが人物図書館という、自己を語る数人の話者（本役あるいはバトラー）とその他の聴衆（読者あるいは聞き手）に分かれて全員が発言をして対話を楽しむゲーム形式の集いである。話者には5分間の発話時間と2分間の質問受付時間があり、聴衆には90秒の自己紹介時間がある。ゲームの終わりにはどの話者の話が心に残ったかを全員の投票で決める。

重要なのは、互いの立場を尊重し、理解する点である。ここに収録したのは話者の語りだけではなく、聴衆の感想や気づきである。そしてそれぞれの文章は開催都市順とした。ただし、ひとりで複数の都市の会場に参加した場合は、いずれかの都市名の下に載せて、併せて参加した他の都市名も記した。なお、名古屋では二度開催した。

第2部は編著者が明治大学図書館在職中に著したエッセイである。明治大学新入生向けに明治大学広報部が発行した広報誌「思索の樹海」に投稿した記事である。第3部は本書を出版するにあたり、編著者が定年退職後のこころの縞模様を書き下ろしたものである。

2018年12月

坂口雅樹

Ⅰ

人物図書館

~ひとはだれでも一冊の本である~

①
長野県塩尻市

① 長野県塩尻市

開催年月日　2015 年 2 月 28 日

開催会場　フランス料理　トムズレストラン
(現、ラ メゾン グルマンディーズ)

参加者数　18 人

参加者種別　公共図書館員　大学図書館員　学校教員　元学校教員
図書館システム開発者

＊初回は人間図書館と銘打った。塩尻市立図書館職員が会場の手配をした。ほぼ全員がナラティブ（物語）を行った。これを見ていたレストランのオーナーが飛び入りでバトル（参戦）した。初代チャンプに有山裕美子氏が投票で選ばれた。

図書館のミタ
～わたしだけが知っている～

独立系図書館員
吾　一

時は昭和で、場所は蜃気楼。ちょっとした縁があって大学職員になりました。それが、不思議な採用面接だったのです。偉そうな男たち、というかおじいさんみたいな方々がずらりと目の前に座っていました。思い起こせば5、6人くらいだったでしょうか、私のふるさとについて世間話みたいな質問をして楽しんでいました。

つまりこういうことです。絶滅危惧種の保護鳥が何羽いるのかと訊かれました。しかたなく答えるとその話で持ちきりになりました。もう気持ちが緩みっぱなしで、緊張感がどこかに飛んでいってしまいました。でも真面目な質問もありました。私が勤労学生だったせいもあります。経済的に苦しくて大学進学を諦めてしまった仲間たちのことを話題にしました。私は母子家庭だったのでそのことを強く意識して話したことは今でも心に残っています。

そして無事採用の通知がありました。下宿のおばさんに採用のことを話すと、なんと身辺調査があったそうです。あの頃は学生運動が盛んでした。私が政治麻疹にかかっていないかと下宿のおばさんに訊ねたそうです。おばさんは私にとって育ての親でした。そこでおばさんは大学の人事課の職員をうまく丸め込んだと言ってくれました。もっとも、ノンポリという言葉すらも知らない田舎者でしたからその辺は大丈夫でした。血の繋がりのないおばさんとおじさんが一緒に営む米屋の2階に住み込みで、米の御用聞きと配達を手伝いながら大学に通っていました。そう、東京に出てくる前は日本海側の都市で、朝は新聞配達、夜は街の本屋で店員をして、昼間は兄のアパートで大学受験の勉強をし、食事は

在りし日の目録カードケース

近くの姉のアパートで済ませる、そういう日々を送っていました。さらにさかのぼれば、集団就職で東京に来て写真製版会社で数か月働いたこともありました。それもこれも含めて、限りなくグレーに近い青春でした。だから初めて大学というところで働き始めたときは住む世界が違ったと思いました。

8時半始業で職場に来ると、人がまばらなのです。最初はなぜか知りませんでした。でも9時になると人が全員揃う。なにか変だなーと思っていたら、先輩職員に連れられて喫茶店に行きました。喫茶店の時間は大学の業務時間です。するとそこに図書館員だけではなく人事課の職員もいたのです。なんとも言いようのない福利厚生だと感心して嵌《は》まりました。だが一方、喫茶店には女子職員は滅多に来ませんでした。彼女たちは職場の台所でお茶の準備やら先輩女性のリードのもとに、お茶話をしていました。これが図書館専門集団のゆとりある姿なのだと感心しました。しかし、何とも言えないのが、大学で支給する値段の一番安いお茶を1時間おきくらいに注いでまわる習わしです。まだ飲み残しているお茶を木の床に撒き捨てて、新たにお茶を注ぐのです。女性陣は大学茶ではなく、お茶代を集めて美味しいお茶を飲み合っていました。図書館事務室の床はお茶のエキスで美しく輝いて見えた、というのはうそです。

吾輩は目録係でした。仕事をしながら夜間は社会人向け司書講習に通年で通いました。それがなんともつまらない、役に立たない講習でした。ここで大学図書館員として必要なスキルは得られませんでした。すべては日常業務と業務以外の学習システムで学びました。学びながら給料がいただけるとは、夢のような生活でした。図書の整理はまるで徒弟制度のようでした。目録化した図書をすべてチーフの机のもとに持って行って一冊一冊点検していただくのです。まあ、整理が遅れるのも無理はないです。受け入れてから1か月で書架に並ぶなどあたりまえの、のんびりした仕事の流れでした。まるで大河のようです。ゆったり、焦らず急がず。正確な書誌と分類が最優先されたわが社です。しかも汎用性のある規則をわざわざカスタマイズして、オリジナルで目録を採る。確かにプロフェッショナル仕事の流儀です。分類するときは本当に疲れました。あまり分からないので、事務用カードケースの裏に行って立ったまま居眠りしたこともありました。ちょっとでもうとうとするとスッキリすることを覚えました。

大学が夏休みになると、もう地獄です。日中で外気温が上昇する中に放り出されるのです。正午で大学業務は一斉に終業です。図書館も閉館です。学生はほとんど図書館に来ません。

閲覧室は天井に大型の扇風機が回るだけで、エアコンなどありません。もっとも図書館員も大変です。参考図書を除くすべての一般図書が書庫に排架されているために、一般図書の利用は書庫出納方式です。資料請求があればパイプを通って請求用紙が地下書庫に落ちてくる。そこに出納要員が控えているわけですが、彼らは書庫の暑さとの闘いです。中にはバケツに水を入れて脚をそこに入れて冷やして熱中症に立ち向かっていたと、先輩から伺いました。私はバケツを見ていません。だからあの書庫は今昔物語です。もう跡形もなく消えてしまいました。

この夢のような物語を語れる人はいまの図書館には一人もいません。ここで、わたしは見ました。現図書館の地底の書庫の壁には黄ばんだ水の跡が残っています。なぜそこの壁だけに沁みがあるのか。それはその昔、この建物が立つ前にここに病院があったからです。わたしだけが、その沁みの意味を知っています。

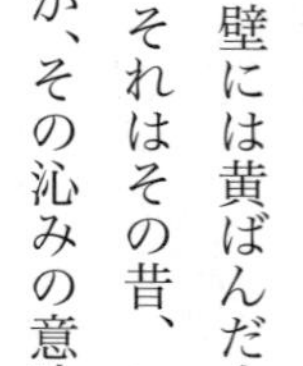

〈オススメの１冊〉

『ミラノ霧の風景』
須賀敦子 著（白水社）

図書館と趣味と私

愛知県内公共図書館勤務
小曽川　真貴
（他に名古屋２回に参加）

このタイトルで「人物図書館」のバトラー（プレゼンター？）として語ったのは、２０１５年２月28日、塩尻の図書館を見学した夜のことでした。

当時の私は図書館勤務12年目、認定司書の審査に通ったばかりでした。この原稿を書くために当時の資料を引っ張り出してみたら、なんと今では実現した夢のことも書いてありました。それでは紙上でプレイバック！

はじめまして。小曽川真貴と申します。昔から本が好きで、中学生の頃から自分の蔵書目録を作っていました。

大学で司書資格を取得したのち、公共図書館に勤務。窓口や排架業務のほか、担当業務として目録5年、児童&雑誌4年を経て、予約&修理の3年目です（その後、現在は視聴覚資料担当となり、未経験の担当業務は相互貸借のみとなりました）。

仕事のかたわら、なごやレファレンス探検隊に参加したり、図書館系のメーリングリストや交流会に参加したりしつつ、趣味でHTMLタグを使ってサイトを作ったり、SNSを始めたりし、2009年からは本やゲームを作って、コミックマーケットにサークル参加しています。

学生時代には、大学図書館でサブカルチャー関連の論文を読み漁っていたこともあり、2014年に「やおい、JUNE、BL、そして腐女子　腐文化研究事はじめ」（『中部図書館情報学会誌』vol.54 所収 https://sites.google.com/site/chuubutoshokanjouhougakkai/toukou-kitei/chuubu-toshokan-jouhou-gakkai-shi-1）という論文を書いたことから、認定司書になることができました。

また、冒頭で中学時代から自分の蔵書目録を作っていたと述べましたが、翌2015年、実家の建て替えに伴い、蔵書を大幅に整理、PC上で作っていた目録をWeb上へと移行しました。蔵書を整理するなかで、国立国会図書館へのマンガの寄贈を思い立ち、所蔵状態を確認したところ、意外にもかなりの未所蔵があったため、４００冊あまりのコミックスを寄贈しました。また出版社や出版年にいくつかの特徴がみられたことから、改めて2社の受賞作に絞ったうえで、所蔵状況を確認し、「国立国会図書館のマンガ所蔵状況　小学館および講談社漫画賞受賞作を中心に」と題して、中部図書館情報学会で研究発表しました。

当時の発表はここまでですが、その後、現在に至るまでに、コミックマーケットやＢＬなど、サブカルチャーについて発表する機会が何度かあり、いずれも貴重な経験を積むことができました。また、サブカルチャー（ライトノベル）つながりで、大橋崇行先生の『司書のお仕事―お探しの本は何ですか？』（勉誠出版、２０１８）の監修をすることになりました。人物図書館や交流会、ＳＮＳでの出会いをはじめ、ご縁は本当にありがたいものだと噛みしめているところです。

さらに、当時の話の最後に、今後の野望として「図書館総合展で、

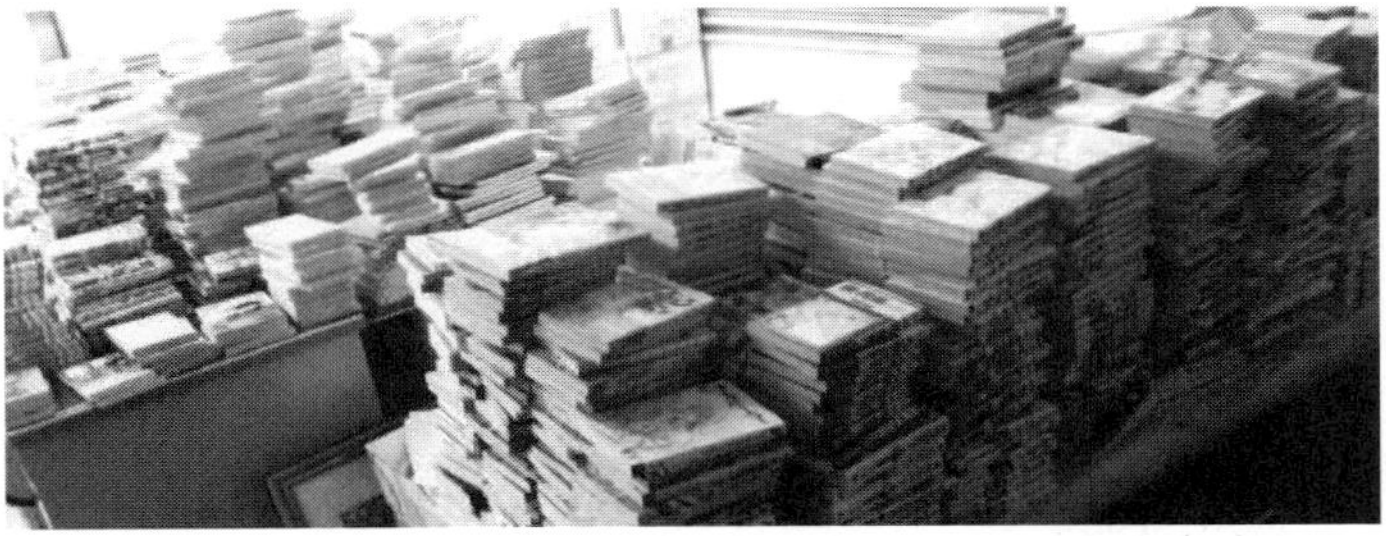

在りし日のマイコレクション

図書館本のオンリーイベントをやりたい！」と語っているのですが、これもなんと２０１７年に実現してしまいました。私は当日の売り子ぐらいしかお手伝いできませんでしたが、長年の夢が叶い、本当に嬉しいことでした。２０１８年の図書館総合展でも無事に「としょけっと」第二回を開催することができ、残念ながら当日参加できなかった私は、Ｗｅｂを中心にバックアップをしていました。２０１９年の予定はまだ白紙ですが……果たしてどうなるでしょうか。

最後に、私は人物図書館に、発表者としても投票者としても参加したことがありますが、どなたのお話も本当に興味深く、面白いイベントでした。その面白さが少しでも伝わるようにと願いながら、ここで話を終えたいと思います。ご清聴、ありがとうございました。

〈オススメの１冊〉

『図書館の魔女』
高田大介 著（講談社）

人物図書館始まりのお話

工学院大学附属中学校・高等学校
司書教諭
有山　裕美子
（他に名古屋1回、仙台、坂戸、新宿に参加）

人が本になる「人物図書館」。

そんな図書館に参加しませんか？　と坂口さんからお誘いを受けたときに、いったいどんな図書館だろうと思ったのが「人物図書館」という名前を聞いた最初の印象です。

２０１５年２月28日、私は初めて人物図書館に参加しました。会場は行きたかった塩尻。えんぱーく（塩尻市立図書館本館）の見学をした後の人物図書館でした。実はこの日は初めて人物図書館が開催された記念の日でもありました。私は、今までだれも体験したことがない人物図書館に、なんとその中の一冊の本として、参加することになったのです。

「本」となるバトラーの持ち時間は5分。それぞれが自分の話をするのですが、坂口さん命名の「人物図書館」の名の通り、自分自身が本になって語ります。語る目の前には、その本を読む「読者」がいます。初めての人物図書館の会場はえんぱーく近くの素敵なレストランでした。美味しい食事とワインをいただきながら、初めての人物図書館がいよいよ始まりました。バトラーは私を含めて5人ほどだったでしょうか。それぞれが思い思いのテーマで、自分のことを語ります。読みたいと思わせるように自分を紹介することが、この人物図書館のポイントです。ビブリオバトルにも少し似ていますが、読者の皆さんに響くメッセージをどう伝えるか、面白くて難しい取り組みです。

私は、悩んだ末、テーマを大好きな「モーリス・センダック」にしました。自分自身を語るためには、一番自分が好きなこと、そして、「人物図書館」という言葉の響きから、やはり最初は本に関わる話が良いのではないかと思ったことが理由です。本来であれば、何も持たずに自分の声と体で語ることが、より人物図書館に近づくのではないかとも思ったのですが、この日はセンダックの略歴や作品などについて書いたものを用意しました。これは、いわゆるこの日の私という本の付録です。

5分という時間は、大好きなモーリス・センダックを紹介するにも、モーリス・センダックが大好きな自分を紹介するにも短すぎる時間ですが、より効果的に伝えるには、長すぎてもいけません。はじめは、5分という時間にちょうど良い原稿を作ろうと思ったのですが、思いをそのまま伝えるには、メモ程度にして後は自由に話そうと決めました。自然に私の思いを伝えた方が、より私らしい紹介になるのではないかと思ったからです。論理的な本が良いか、エッセイが良いか、といった違いかもしれません。

実際に話し始めてみて、こういう形で話すことは今までなかったなと、新しい感覚を覚えました。たとえば自己紹介をするこ

人物図書館長野会場　塩尻
フランス料理店「トムズレストラン」にて

と、あるいは、その時テーマにした「モーリス・センダック」に関する学会発表はしたことがあります。でも、ある一つのことに関して、それもごくプライベートなことについて、時間を決めて何人かの人を前に話をする機会は、今までなかったように思います。面白いな、と思いました。また、自分がなぜセンダックの本が好きなのか、なぜテーマにして研究してきたのかを伝えていく中で、より自分自身の思いや考え方、あるいは生き方につながっていくことを感じ、いつのまにか「自分自身」を語っていることに改めて気づかされました。

人物図書館は「バトラー」としての参加はもちろん、他の方の話を聞く、「読者」としての参加も面白いです。人物図書館の参加者は、その時々で違いますが、知っている方もいれば、初めてお会いする方もいます。その人自身が選んだテーマは、意外なテーマがあったり、あるいは初めて聞く話があったりと、とても興味深いです。それは、知っている作家さんには、新しい発見があったり、初めて読む作家さんには、新鮮な感覚を持ってその本を読んだりする感覚にとてもよく似ています。つまり、人物図書館での出会いは、本との出会いにとてもよく似ているのです。本との出会いも、人との出会いも一期一会です。

人物図書館の面白さにすっかりはまった私は、その後、名古屋、仙台、北坂戸、新宿……と、性懲りも無く参加させていただくことになります。うち3回はバトラーとしての参加でした。毎回、テーマと一緒に肩書きを書くのもこの図書館の決まりです。その人をよく表すような肩書きをつけていくのですが、それもまた面白いです。本のタイトルと作者、ということになるのでしょうが、バトラーになるたびに迷います。どんなタイトルをつけようか、できれば魅力的で読みたくなるようなタイトルが良いなと。これもまた、本と同じですね。

さて、人物図書館の最後は、読者の方々の投票で、その日のチャンプ本が決まります。この日のチャンプ本は、坂口さんでしたが、その坂口さんは、主催者であるということからチャンプを次点の私に譲ってくれました。ということで、栄えある初代チャンプ本は私に！　とても楽しい思い出になりました。

（この物語は名古屋第1回に続く）

〈オススメの１冊〉

『ふふふんへへへんぽん！』
モーリス センダック　作・絵
じんぐう　てるお 訳（冨山房）

らいぶな図書館ばなし

豊橋創造大学附属図書館
中島　慶子

人が「本」となって「読者」に語りかける――、坂口さんから「人間図書館」（当時）へのお誘いを受けた時、何故か江戸川乱歩の短編小説『人間椅子』のように、秘密の薫りがぷんぷんと漂う、怪しげな世界を妄想（というのは冗談だが）、生来の好奇心がむくむくと頭をもたげ、軽い気持ちでのこのこと参加させていただいた。これが２０１５年２月28日に塩尻駅近くのレストランで開催された第１回目であった。

当日は、塩尻市立図書館本館（えんぱーく）、および翌日の伊那市立図書館等、ユニークな活動が話題の施設見学もあって、西は九州をはじめ愛知・岐阜の東海地区、東は関東地区の図書館関係者が集まったのを覚えている。所属も学校図書館、公共図書館、大学図書館のみならず、Independent Librarian（独立系図書館員）、図書館システム開発者…などなど、実に多士済々であった。筆者も「本」の一人として、拙文タイトルと同じテーマを掲げて5分間スピーチをさせていただいたのだが、迂闊にも当時の記録を残していなかったため（痛恨のミス！）、今となっては肝心のスピーチの内容を思い出すことができない。微かに記憶しているのは、「らいぶ」に込めたダブルミーニングである。ひとつは、もちろん書物を意味するラテン語名詞 liber に端を発する library、もうひとつは、「生（なま）の」「活き活きとした」という意味の形容詞 live に引っ掛けたことであろうか。筆者の所属先でも補助金に応募してラーニングコモンズが設置されたこともあり、今後の図書館の方向性についてあれこれと思いあぐねていた頃である。

ところで、今回の参加を機に、海外では Human

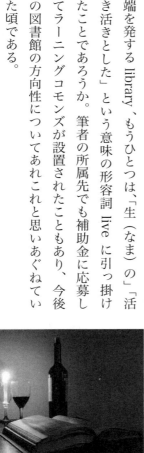

Library（元はLiving Library）と呼んでいるワークショップがあることを知った。障害者や性的マイノリティ、ホームレスなどの人々を「生きている本」として貸し出し、「読書」（=「生きている本」と利用者との1時間弱程度の対話）を行うことで、偏見やステレオタイプを乗り越えた相互理解を目標とする試みで、２００８年あたりから日本でも大学をはじめ各種団体や個人で開催されており、近年では学会も組織されているようである。

最後に、記念すべき初回からすでに3年余りの時が経った。またの機会があればその場に立ち会いたいと思いつつも、残念ながらなかなか儘ならないのが現実である。経験者の端くれとして、一冊の「本」となって人が語るのを食事と共に楽しむ人物図書館の面白さを、一人でも多くの方に味わっていただければと切に願っている。

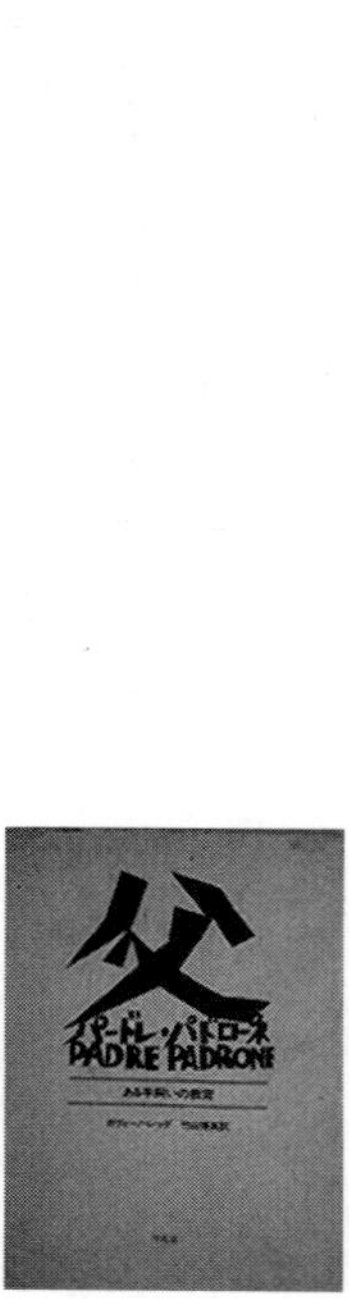

〈オススメの１冊〉

『父パードレ・パドローネーある羊飼いの教育』
ガヴィーノ・レッダ 著
竹山 博英 訳　（平凡社）現在品切れ

②
愛知県名古屋市

② 愛知県名古屋市（1）

開催年月日　2015 年 5 月 1 日

開催会場　　ふらっと酒場～ル　なごころ

参加者数　　17 人

参加者種別　公共図書館員　大学図書館員　学校教員

＊名古屋市内の大学図書館を見学したのちに、レストランにて行った。見学先の大学図書館員も参加した。人物図書館を行っている光景を見ていた店員が、司書志望であると言ったのが思い出としてある。チャンプは有山裕美子氏が連続して選ばれた。

人物図書館始まりのお話
その2

工学院大学附属中学校・高等学校
司書教諭
有山 裕美子
（他に名古屋1回、仙台、坂戸、新宿に参加）

私の二度目の人物図書館は、２０１５年の名古屋でした。この時のテーマは、自身の勤務先の大学図書館の新図書館についての話でした。前回はごくプライベートな話だったのですが、２回は仕事がテーマというパブリックなテーマで、対照的な話をさせていただくことになりました。この時も、愛知大学、愛知学院大学、そして名古屋大学を見学させていただくなど、二度目の人物図書館もリアルな図書館見学とともにあったということも特徴でしょう。実はこの時、私は門外漢の大学図書館の会議で数日後、プレゼンをしなければならないという使命を抱えていたのです。

昼間の大学図書館見学、そしてそこで聞いたお話も、その夜の私の人物図書館にはしっかり反映されていたように思います。見てきたばかりの大学図書館の特徴や様々な工夫は、ちょうど本を執筆する前の取材のようでした。そんな機会を与えてくださった坂口さんには本当に感謝です。私にとってこの二度目の人物図書館は、困った時にちょうど良い機会を与えていただいた、本当に貴重な勉強の時間でもあったのです。

人物図書館でお話した後は、質問もいただきましたし、実はかなりいろいろなアドバイスをいただくこともできました。この日の読者に、大学図書館関係者の方が多かったことも、何かのご縁かもしれません。それは、自分が執筆した本にすぐに読者からの感想をもらったような感じでしょうか。そういう考え方もあるのだ、そういう方法でも良いかも、あぁ、それは知らなかったなぁ、などなど、いろいろなことが私の中に生まれてきました。一旦書き終えた本ですが、いろいろなアドバイスや

工学院大学２号館（図書館棟）

情報を得て、心の中ですぐに第2弾を書き始めていた、そんな感じでもありました。

幸運なことに、この日もチャンプ本にしていただきました。いろいろ悩んでいた私へのエールもあったかと思いますが、当日のプレゼンに向けて大きな力をもらった気がしました。人物図書館は、こうしていつもと違った形で自分の考えや悩みを形にする場所でもあるかもしれません。正攻法で言いにくいことも、この方法なら話せるように思います。最後に、当日のプレゼンがうまくいったことも付け加えておきます。

まだまだこの人物図書館は続いていくことと思います。今後私がどんな本を書けるかはもちろん、どんな新しい本に出会えるか、これからも楽しみにしながら訪ねていきたいと思います。

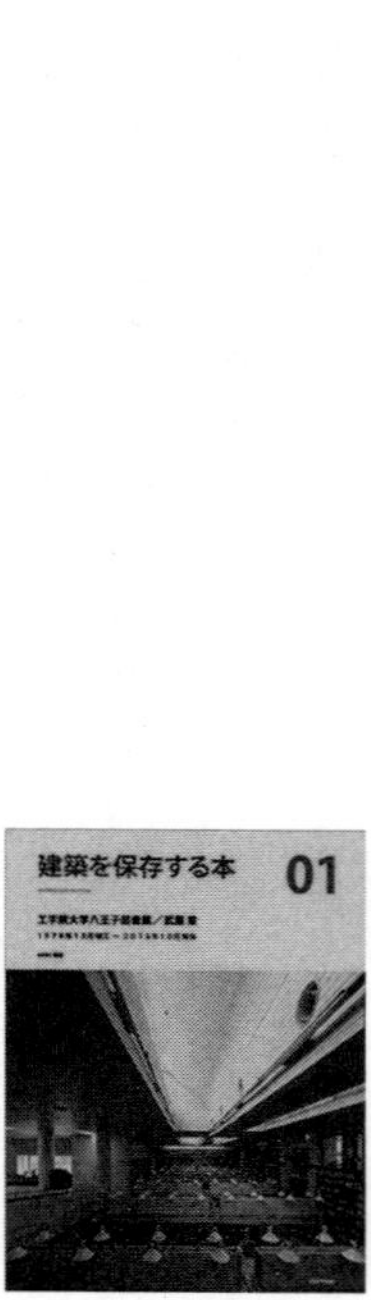

〈オススメの１冊〉

建築を保存する本01 工学院大学八王子図書館/武藤章
1979年12月竣工~2015年10月解体
NICHE 著, 編集　（Opa Press）

③

北海道札幌市

③ 北海道札幌市

開催年月日　2015年8月24日

開催会場　京王プラザホテル札幌　あきず

参加者数　10人

参加者種別　大学図書館員　大学教員　元学校教員

＊大学図書館問題研究会全国大会の自主イベントとして行われた。チャンプには大学図書館における研究支援について話された川村路代氏が選ばれた。

一緒にお料理しませんか？

ある医学系図書館員の研究支援の話

ヘルスサイエンス
情報専門員（基礎）
川村　路代

今日は研究支援について話をしたいと思います。図書館は資料を受入し、整理し、利用に供するということを研究支援として伝統的に行ってきました。それはもちろん大切な仕事です。しかし個人的にはあまり興味を持てないでいました。資料やデータベース、机や椅子は用意する一方で、研究者が行っている研究の内容には踏み込まない、踏み込めない感じがなんとも歯がゆかったからです。図書館員の謙虚さや研究者への畏敬の念の表れかとも思うのですが、まるで「キッチンと材料と包丁とお皿は用意しておきました。お料理はご自分でどうぞ」とでも突き放しているようにも感じられ、「ずいぶんと遠くからの『支援』だな、一緒にお料理しなきゃつまらないじゃない」と生意気にも思っていたからです。

そんなとき転機が訪れました。ある先生からシステマティックレビューの手伝いをしてくれないかという相談があったのです。システマティックレビューとは、そのテーマに関する文献を網羅的に集め、分析を行ったレビュー論文を指します。

適切な検索式で論文をもれなく、そしてなるべくノイズは少なく集めるのが重要で、ここに図書館員の出番があります。現代はすべての人に情報は開かれ入手できるかのように思われますが、現実はそうはなっていない部分も多く、情報はあまりにも多すぎ、必要な情報を入手するのは難しい場合もあるからです。海外ではこうしたシステマティックレビューへの図書館員による支援はすでに行われていて、論文の共著者に図書館員が名前を連ねる場合もあるそうです。

人物図書館札幌会場
京王プラザホテル札幌「あきず」にて

文献検索の研修や自主的な勉強を経て、今は先生、院生、私でミーティングの場を持ち、検索語やデータベースについて相談をはじめたところです。「このキッチンで一緒にお料理をしましょう」と少しだけ言えるようになりました。研究支援が楽しいと思い始めました。

最後に、やってみて感じたことを三つ述べて締めくくりたいと思います。

一つ目は「できることをやるのではなく、やるべきことをやる」ということです。

「図書館員はどう貢献できるか」といったふうに、現在の図書館員の型を現実にあてはめるのではなく、求められていることに合わせて図書館員は変化し成長していくべきだろうと思います。

二つ目は「図書館員は情報に対してニュートラルではいられない」ことです。「情報は平等に扱い、利用者に渡したらおしまい」ではなく、論文を読んでその内容や価値をある程度は判断する力が必要になると感じています。

三点目に「必要以上に尻込みするべきではない」こと。まずは話を聞いて理解すること、共感すること、寄り添うこと。一番悪いのはこうして研究者から相談を受けたのに理由をつけて何も動かないことだと思います。いざというときに頼れないでなにがプロなのでしょう。何十時間か勉強すれば、研究者と話が通じるくらいの基礎知識は得られます。問題はその努力をしないで、無理と決めつけてしまうこと。実際に、私が探した「いい文献」を研究者は見つけていなかったりするのです。

わたしたちはもっと自信をもっていいはずです。

というわけで今は壁をよじ登っている途中です。この本の第2章をお話しできるときがくるよう、がんばっていきたいと思います。ありがとうございました。

（この文章は当日のスピーチを再現したものです。）

〈オススメの１冊〉

看護研究者・医療研究者のための系統的文献検索概説
諏訪敏幸 著（近畿病院図書室協議会）

人が伝えていく・つなげていく

幕別町図書館司書
民安　園美

詳細を知らないまま、あの人の本を読んで（話を聞いて）みたい気持ち半分、館種の異なる図書館司書の方々と会うことのできる、またとないチャンスと思う気持ち半分で、読者として参加した『人物図書館 in 北海道』。本の主人公が、「これまで」の経験をなぞりながら、「これから」について5分間で語る。短くも思える物語は、めくられるページ＝紡ぐ言葉に力があり、本の思いと寄り添いながら、一緒に物語を楽しむことができるのがその魅力なのだと感じた。そして、おそらくではあるが、語るその瞬間ですら物語は刻々と書き換えられ、読む度に編集が重ねられているのではないかと思えるのも興味深かった。

「人が本になる」というユニークな『人物図書館』であるがゆえに、人の心に最も残るのは、人との出会いであろう。物質的な本は、世界知や多くの人が共有することで生まれる共同知を残し、伝えるために存在する。そして、伝えるためには、必ず人が介在する。「人が本となる」ということは、自らがじっくりと語ることで、人に伝え本を手わたす役目にもなり、読者や他の本がその本を介することで、人と人とをつなげる役割をも担う。そういった場における人との出会いによって、もし自分が本になったとしたら、と、図書館活動を改めて考えるきっかけになった。

私のいる幕別町図書館は、平成26年の図書館新システム導入を契機に、図書館のコンセプトそのものを見直し、図書館運営を行っている。最も注力したのは、情報発信の要となるウェブサイトの改修であった。特に、公共図書館としては珍しい「スタッフ紹介」を公開したのは、インターネット

幕別町立図書館にある、本を読む少女。通称「よむ子」

上においても親しみやすい図書館であることを目指したからである。例えば、本を3冊同時に読み合わせすることを進める「三冊堂」、今日は何の日に因んで本を紹介する「今日の一冊」は、どのようなバックボーンを持った司書が、どうしてこの本を選んだかが見える方が、見る側にとって図書館がより近しく感じ、この人が紹介する本を手に取ってみたいと思うのではないだろうか。図書館が顔を見せながら本を紹介するというのは、「人物図書館」と少し似ているように思える。

ウェブサイトの目玉としている、表紙と背表紙を混在させ、如何にも本が並んでいるかのように見せる「バーチャル本棚」を導入したのは、図書館内に実際に並べられた本棚をリアルに感じてほしいためである。「バーチャル本棚」の特性を生かして紹介している18人の著名人による寄贈図書の「北の本箱」は、元々は幕別町に縁もゆかりもない著名人との縁によって、20年もの長い間続いている。

また、平成28年度より実施している、約2分間でストレスの度合いを測定できる「ストレスチェック」は、司書が測定者の測定結果と本とを結びつける役目を果たしており、人が介在しなくてはできないものである。そして、そういった図書館活動が徐々に広く伝わっている背景には、ウェブサイトの運用にも関わる図書館サポーターの存在がある。

図書館にあるたくさんの本、いわば多種多様な活動は、どんなに良いと思っているものでも、工夫を凝らしていかなければ伝わってはいかない。図書館に関わるさまざまな人によって伝えられていくものではないだろうか。図書館は、何よりも「人」との関わりが大切なのだ。図書館が自ら本となって伝え、それをまた他の人々が伝えていく。本を編むとき、装飾やフォントが作る人によって異なるように、伝える人の視点によって図書館の物語が違ってくるのは、とても面白いと思うのである。まだ、幕別町図書館の物語は第1章の半ば。たくさんの人の手で、さまざまなエピソードによって物語は続いていく。

〈オススメの１冊〉

『本を読む幸せ』
福原義春 著（求龍堂）

人物図書館とリサーチコモンズ

北海道大学
千葉　浩之

２０１５年8月の「人物図書館 in 北海道」の運営のお手伝いをしました。苦労したのはやはり場所探しと「本」探しでしょうか。場所は食事が供されて、会話が可能で、ある程度クローズドなところ。すなわち、弛緩、発話、傾聴ができる場所。これが意外と見つからず、ホテルの和食レストランの個室に落ち着きました。「本」もなかなか集まらず、急遽薄っぺらではありますが自ら「本」になりました。

あれから3年。室蘭工業大学から北海道大学に戻り、理系の複数の研究所が合同運営する小さな図書室に配属となって1年半弱。一部業務は本部が担いますが、基本的にワンパーソンライブラリーです。

さて、この寄稿のお話をいただいたとき「人物図書館」は単なる過去の思い出ではなく、この1年半の、とりわけ進行中の仕事に示唆を与え続けていました。そのあたりを記したいと思います。

現在の職場は、20席ある閲覧席に対して来室者は一日のべ10名程度。貸出は週に2、3冊。研究者の読む文献が紙から専ら電子ジャーナルへと移った昨今、利用が芳しくないのはどこの研究所図書室も同じかもしれません。ですが、ワンパーソンライブラリーの当事者としてはどうしても職場と自分自身とを結びつけてしまいます。図書室の存在意義は自らのそれにつながります。思い悩むうちに3年前は薄かった「本」にもさすがに語るべき言葉が書き足されていきます。

とはいえ、一人で考えていても埒《らち》が明きませんので、運営元の研究所の懇親会に出掛けていき、研究者に話を聞いて、そして、話をして回りました。文献をどう集め

ているか、やってほしいことはないか、こんなことができる（したい）、などなど。一人でいわば「人物図書館」の「本」役をやっていくうちに、遅ればせながら私も一角の「本」になれたような気がします。

さて、着任1年目、講習会などの新しい取り組みを始めるうちに、研究所長のおひとりから図書室をカフェのような研究者同士の懇談や交流の場にできないかとの相談を受けました。分野を異にする研究者同士の日常的な「お喋り」は創造的な研究に欠かせないとのこと。しかし、同じ研究室のメンバーの分野は当然同じで、片や他の研究室には入り辛い。

思えば、研究所図書室は研究室では得られない情報（研究室には収まりきらない文献）を提供してきました。しかし、いまや文献は電子化されて研究室で得られます。一方、研究者に閃きや着想をもたらす「お喋り」の場は得難いまま。これからの研究所図書室に求められる機能のひとつはここにあると思い、「お喋り」解禁へ向けた働きかけを始めたところです。

とはいえ、ただの「お喋り」は食堂やちょっとしたホールなど、大学のあちこちで可能です。求められているのは「アカデミックなお喋り」です。図書室が持つ蔵書や雰囲気がそれを促進させると見る向きもありますが、肝心なのはそこにいる図書館員です。その役割は「お喋り」が喧騒に転じるのを監視することではなく、研究者同士の「お喋り」に学術情報まわりの話題で参画することでしょう。米国には大学院生向けの「リサーチコモンズ」を持つ大学図書館がありますが、その研究者版、むしろ本義の「リサーチコモンズ」をこの図書室で実現できればと考えています。そここそが研究大学の図書館員が本懐を遂げる場と言えるかもしれません。

また、図書館員から見れば「リサーチコモンズ」は、対研究者の「人物図書館」とも言えます。冒頭で「人物図書館」の要件を三つ挙げました。図書室は元来誰でも入れますので、ある意味「弛緩」した場所です。また、「傾聴」には閉鎖した空間が必要で、これも小さな図書室は備えています。「発話」をどのように認めていくかが鍵ですが、ルール次第で「人物図書館」に適した場所となります。それでは、そこで「本」として研究者に何を語れるか。この心持ちであり続けたいと思います。

〈オススメの１冊〉

『研究ベース学習』
小山田 耕二 ほか著（コロナ社）

Library ＝ Live+Rally
～音楽ライブハウスの変容から見たこれからの図書館～

札幌市図書・情報館館長
浅野　隆夫

楽器演奏の趣味が高じて、ときどきライブハウスなるものに出させてもらっています。

このライブハウス。かつては、まさにプロデビューの登竜門。出演までにオーディションがあり、厳しいマスターに叱咤され、不入りの辛酸をなめつつレコード会社のスカウトになんとか来てもらい、一握りのひとがデビューの栄冠を得る。という場でしたが、今はまったく様変わりしています。

ネットのおかげで誰でもが自作の曲を発信でき、媒体を売らなくても広告収入も得られる、また、ネットがスカウトの場そのものになっていたりもしていることが原因でしょう。

それで、今のライブハウスは？　というと、もちろん誰かの素晴らしい演奏を楽しむこともあるけれど、誰でもが千円札と楽器片手に参加してくる〝セッション〟や、たとえ下手でもお金を払って3曲ずつ披露しあう〝オープンマイク〟、また、知り合ったバンドがあつまってイベント企画を持ち込み、場所代を払ってライブハウスで実施するなど、登竜門ではなく、「発信とコミュニティづくり」で成り立っているように思えます。

さて、図書館はと言えば、1970年代から始まった館外貸出しに重点が置かれ、サービスアップは夜間開館や接遇の向上あるいは施設面のことなどに置かれてきたのではないではないでしょうか。もちろん、従前のように棚を見て、その関連性から本を探して借りていくひとたちもいるにはいるでしょうが、スマートフォンで予約し、来館せず駅ナカのカウンターで借りて行くというスタイルが定着してきましたよね。

このような貸出しメインのサービスを続ける限り、全国の図書館員が頑張れば頑張るほど、無料貸本屋の誤解を受けたり、指定管理者制度がコストダウン

札幌市図書・情報館

の文脈で取り入れられたりすることもあるのでは？　とさびしく思います。

一度、こんなことがありました。

図書館の内輪の研究会。確か、テーマは地域の魅力について、だと思いましたが、閉館後の図書館で本棚の前に会議机を出し、（本来はあり得ない）わいわいがやがや喋りながら、まとめながら、そして、資料やデータベースに目をうつす。本を開いて「えー、あのススキノのはずれの池があんなに大きいのはこれが理由だったんだ！」とか。これこそが、これからの図書館、それは「図書の館」ではない、ライブラリーのあり方ではないかと感じた瞬間でした。

いまは、だれもがネットで手の中のスマートフォンで世界中の情報をあっと言う間に手に入れられるのに、実際に行動を起こしたり、仲間と共有する場がないことは大変にもったいない。つまり、結局は情報を持っていても、孤独な個人がネット上で情報だけをやり取りしあう、痩せた世界をつくり続けていることになっているのではないかと思います。

そこで、Libraryを、図書の館ではなく、Live+Rallyと考えませんか？　ラ

札幌市中央図書館
カルチャーナイト行事

イブハウスのように上手いバンドや歌手の芳醇な世界に浸りながらも自分も発信する、そしてコミュニティもつくり、創作も続ける。それは、世界の名著やいろいろな人生観に触れながら、自分はこうしたい、こう考える、こんなふうに役に立ちたい、と発信し、コミュニティをつくる。個人が知的に生き生きと暮らせる場所づくりだと考えています。

それには、ライブ感を持って、つまり、いま得てきたとっておきの情報や今考えた自分のアイディアを、お互いにテニスのラリーのように繰り出していく。このような仕掛けがあればこそ、「あのライブラリーに行こう」と思ってもらえるのではないか、といつも考えています。

どんな情報でも手に入る中で、ダウンロードできない価値とは何か？

それを生むのがこれからの図書館、ライブラリーだと思います。

〈オススメの１冊〉

『グレイトフル・デッドにマーケティングを学ぶ』
デイヴィッド・ミーアマン・スコット，
ブライアン・ハリガン 共著
渡辺由佳里 訳　（日経BP社）

人物図書館と伝えていきたいこと

蓄音機系司書
大田原　章雄
（他に仙台、坂戸、新宿に参加）

これまで人物図書館には、北海道（2015年8月）、仙台（2016年7年）、埼玉（2016年11月）、新宿（2018年3月）の回（合計4回）に参加している。初回の北海道では坂口館長に「選書」され、何の予備知識もないままに「本」として参加した。その時の「書名」は「印刷屋の息子が考えたこと」。私は活版印刷職人の息子なのでこういう題だったのだが、内容は主にSP（standard playing）レコードのアーカイブについて話したと記憶している。

人物図書館って何だろう。人が入れ替わり立ち替わり短いスピーチを披露する企画ならもっと以前からあった。人を「本」に見立てたことが独自なのは言うまでもないのだが、その本質的な意味とは。考えてみると、本というのは言わば人類の外部記憶装置で、その装置を保存して運用するのが図書館なのではないか。

10代の頃、プラトンの描くソクラテスを読んでいて、突然、不思議な感覚に陥ったことを覚えている。ふと目の前にソクラテスがいるような気がしたのである。なぜ古代の遠い異国の哲学者の言葉をいま自分が読んでいるのか。ギリシアの哲学者ソクラテスは自らは著作を残さなかった。ソクラテスの語りを記録したのは弟子のプラトンである。語りを記録しようと思った人がいて、その記録を残そうとした人がいる。

語りが始まり。本は人で、人は本。そういうことなのかもしれないと思う。そんなことを考えていると、思い浮かぶのは仙台の回である。仙台では大人に本を読み聞かせる活動をしている人に出会った。文字の読めない子ども相手ではない。大勢の人を前に朗読するのとも違う。その意図はすぐに分からなかっ

東京藝術大学附属図書館
1階ロビーにて
（2017年1月27日）

たのだが、これは「本になる」ことなのではないか。肉声の通る空間で生身を通して語ることでしか伝わらない何かがあるのではないかと思う。

自分は誰に何を伝えたいのだろう。そう言えば、不思議な感覚にさせられたのは本だけではない。SPレコードもそうだ。2013年、勤務先の東京藝術大学附属図書館に、世界的なレコード・コレクター、故クリストファ・N・野澤氏が収集したSPレコードコレクション2万枚以上と、愛用の蓄音機が寄贈された。あまり状態の良くなかった蓄音機を修理してもらい、その機械で初めてSPレコードを聴いた時のこと。目の前で人が歌って、弾いているような不思議な気がした。

それから、図書館では毎年、音楽学部の先生と協力して蓄音機コンサートを開催してきている。先生たちが選曲する時、「今ならこうは弾かないし、試験でこう弾いたら落とす(される)けど」「私ならこういう歌い方は教えないけど」などと言いながら、じっくり耳を傾けて聴いた後、「演奏のスタイルが変わっても変わらないものがあるんだよね」「今、こんな風に情感を出せる歌手はいないよね」というように過去の演奏を評価するのが面白いところだ。

過去の声や音に耳を傾けるのは、単なるノスタルジーではない。「演奏のスタイルが変わっても変わらないもの」とは「音楽の核」のようなものだ。蓄音機コンサートはそれを未来の音楽家たちに伝えるためのもので、自分はその一翼を担っていきたいと思っている。

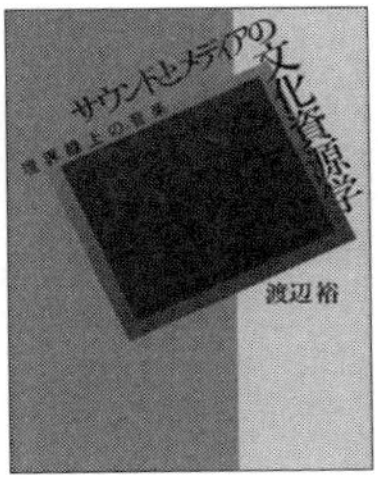

〈オススメの１冊〉

『サウンドとメディアの文化資源学: 境界線上の音楽』
渡辺　裕 著（春秋社刊）

④ 大阪府大阪市

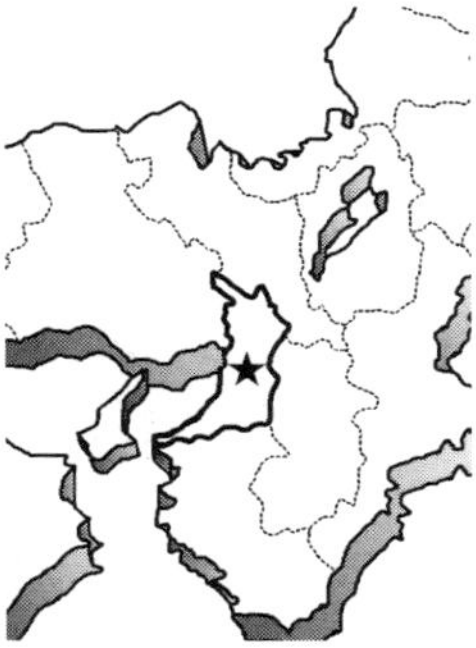

④ 大阪府大阪市

開催年月日　2015 年 10 月 29 日

開催会場　　エル・ライブラリー（大阪産業労働資料館）

参加者数　　13 人

参加者種別　専門図書館員　学校図書館員　公共図書館員　大学図書館員　学校教員　大学教員

＊初めての図書館（資料館）開催であった。閉館後に開催した。チャンプは「Interlibrary Loan の思い出」を語ってくれた徳田恵里氏であった。

思っていたことを自由に話せる場

株式会社紀伊國屋書店
関西ライブラリーサービス部
徳田　恵里

２０１５年10月29日、人物図書館 in 大阪にふとした好奇心から参加しました。それまで人前で話した経験といえば、図書館ガイダンスを除けばビブリオバトル1回くらい。そんな貧弱なプレゼン経験でしたが、運よくチャンプ本に選んでいただくことができました。

以下に当日のプレゼンとエクストラ・トークを記載いたします。なおこの内容は発表当時のものです。

【Interlibrary Loan の思い出】

今日はここに一冊の本を持ってきました。『ベイジルと失われた世界』という児童書です。

この本はイブ・タイタスの『ねずみの国のシャーロック・ホームズ』シリーズ、全4巻の中の一冊です。いわゆるこども向けに書かれたシャーロック・ホームズのオマージュ作品です。10歳の頃、私はこのシリーズが大好きでした。私の話はこの本にまつわる思い出から始まります。

当時私は地元の天理市立図書館によく連れて行ってもらっていました。このシリーズにも、そこで出会いました。ところがシリーズの3巻目、この『ベイジルと失われた世界』は欠本でした。この本は小学校の図書室にもなく、うちは田舎で近所に大きな本屋もなく、もう読めないんだろうなとがっかりしていました。

ところがある時、市立図書館のお姉さんが〝県立図書館で貸してもらえたよ！〟と言ってこの本をわたしてくれました。正直めちゃくちゃびっくりしたし、とても嬉しいと思いました。こどもだから、お姉さんが自分のために奈良県立図書館まで借

りに行ってくれたんだと思っていました。実際は多分母がリクエストしてくれていたんでしょう。本人は全然覚えていないようですが。

ただ、私はその後すっかりこの出来事を忘れてしまっていました。大学生になって司書課程を履修して、児童サービス論とか勉強しているはずなのに、記憶からきれいに抜け落ちていました。

この事を思い出したのはそれから10年以上経って、公共図書館でアルバイトを始めてからでした。他館から借用依頼が来た資料を集めに回っていて、書架から本を取り出した瞬間、まさにこの出来事がフラッシュバックのように思い出されました。自分でも本当にびっくりするくらい鮮明に記憶がよみがえり、しばらく呆然としたのを覚えています。

図書館に無い本がよその図書館から届けられる。こんなサービスは、一体いつ頃からされているのでしょう。以前写真で見たことがありますが、中世ヨーロッパの図書館では、本はなくならないよう鎖で書架につながれていました。本とはそれくらい貴重なもので、貸し出すなんてとんでもないという時代があったのです。そんな長い図書館の歴史を思うと図書館間相互貸出し、

Interlibrary Loanという発想はまさに革命的なものだったのではないでしょうか。

今回の発表に合わせて少し調べてみたのですが、見つけられた限り日本最古の記録は1899年に京都大学から東京大学へ送られた〝図書借用の願〟らしいです。アメリカでも19世紀末～20世紀にかけて成立したサービスということでした。

現在では、オンラインシステムを利用して海外の図書館に相互利用が依頼できます。アメリカの大学図書館から一両日くらいでPDFが届き、大英図書館からはEMSで借用図書が届きます。遠く離れた海外の図書館でさえ、こんなに簡単にやり取りができる時代になりました。でも、これは現地で資料をスキャンしたり、本を梱包したりしてくれる人がいるから届いているサービスだということを忘れてはいけません。

大学図書館での相互利用業務は、定型化された仕事であるとして、目録業務とともに最も早くから非正規化・アウトソーシング化が進んだ業務だと聞きました。私も相互利用を担当した経験がありますが、確かにその作業は一見非常に地味なデスクワークに見えるかもしれません。しかし実は、彼ら彼女らはあなたの図書館を世界とつなぐキーパーソンとも言えるのです。

世界中のInterlibrary Loan担当者に心から感謝とリスペクトを申し上げます。あなたが送る一冊は、誰かの心に一生残るものかもしれません。あの時本を取寄せてくれた市立図書館のお姉さん、送ってくれた県立図書館の人、本当にありがとうございました。

【余は如何にしてMercenary Librarianとなりし乎】

本日はチャンプ本に選んでいただいてありがとうございます。ここからはエクストラ・トークとして、私の名刺にまつわる話をさせていただきたいと思います。

先ほどより皆さまと名刺交換をさせていただきました。私の名刺を見て正直、違和感を抱かれた方も多いのではないでしょうか？　薄っぺらい自家製の個人名刺です。所属は書かれておらず、肩書きはただ一言、〝Mercenary Librarian〟です。何だこいつ？　って感じですよね。本当の私は所属する組織の名刺も持たない、ただの契約社員です。

でも、元々そうだったわけではありません。過去には随分と立派な名刺を持っていた時期もありました。どこに行って出しても業界内ではおおっと言ってもらえるような、そんな名刺です。私はかつて財団法人大阪国際児童文学館の司書でした。

立場が人をつくる、そう信じて当時はそれなりに職務に励んでおりました。しかしご存知の通り国際児童文学館は財団の手を離れ、財団職員は解雇されました。立場を失い、名刺も無効となった時、手元に残ったのはたった一つ、生身の自分だけでした。そして、私というライブラリアン個人には、何の市場価値もありませんでした。

再就職は30連敗しました。常勤職員で解雇されていたため、面接中に懲戒免職を疑われたこともあります。どこに行ってもそれまで見たこともないような冷たい視線を向けられ、とても悲しく、悔しく、情けないと思いました。私個人には目に見えない〝経験〟はありましたが、それを証明する資格も対外的な実績も、何一つありませんでした。

本当にすごいのは自分ではなくて国際児童文学館だったのだ。私はその立場に胡座《あぐら》をかいて、仕事の忙しさと体調不良を理由に、何一つ自己研鑽を積んでこなかった。そう思い知らされました。組織に与えられた仕事だけに埋没するのは、本当は自己研鑽ではないのです。

そう気づいた時、一つ決意したことがあります。これから先どこでどのような立場になっても、そこに安住することなく、ただ一人のライブラリアンとして価値のある人材になることを目指そう。組織に頼るのではなく本当の意味での自己研鑽に励み、どんな図書館に行ってどんな役割を担っても成果を出せる人材になろう。そう心に決めました。

私は縁があって2015年より紀伊國屋書店に勤め、大学図書館で業務委託職員として働いています。業務委託で働くのは前の会社と合わせて5年目です。10年前は自分がこういった形で働くなんて、思いもしませんでした。いつまで雇ってもらえるか分かりませんが、仕事があるということの状況に甘んじることなく、この先も自己研鑽に励みたいと思います。

Mercenaryとは、傭兵という意味です。肩書きにするにはずいぶん荒っぽい言葉を使うなと思われるかもしれません。しかしこれが、特定の図書館に所属しない業務委託職員としての私の生き方です。報酬次第でどんな図書館にでも行きましょう。そして、必ずクライアントが求める以上の成果を上げてみせましょう。そういう想いを表しています。

一度は終わった図書館人生、予想外の第2ラウンドが待っていました。この先いつまで司書の仕事を続けられるかは分かりませんが、最後まで全力でやっていきたいと思います。

〈オススメの１冊〉

『ベイジルと失われた世界』
イブ・タイタス 著（あかね書房）現在絶版

私の密かな考え

空手家図書館員
井上　昌彦
（他に札幌に参加）

40年余り生きて、分かったことがある。

人それぞれ、生きているうちに多くの経験を重ね、いろいろな思いを持つ、ということだ。図書館員も、その例外ではない。皆それぞれ、胸の中に「思い」を秘めている。図書館員という職業には何か特別な要素があるのだろうか、人によって多少の違いはあれど、その思いは一様に強い。

そんな図書館員の「思い」に、スポットライトを当てたのが、人物図書館主催者の坂口雅樹さんだ。図書館員を一冊の本に見立て、大勢でその本を読もうというのだから、堪《こたえ》られない。私も札幌・大阪と、二つの会場で読者になって、何冊もの本に秘められた「思い」を、大いに満喫した。日頃耳にすることのない、これらの本の「思い」の丈に、驚かされる。新しい本にも年季を経た（失礼！）本にも、それぞれの「思い」が記されており、読者を驚かせたり魅了させたりしてやまない。この人物図書館で読書すれば、読者はその場でにわかに立ち上がり、自分も本となって自身の「思い」を熱く語り出したくなる誘惑に駆られるだろう。

さて、そんな人物図書館を、大阪で開催したことがあった。以前からのご縁もあって、私は坂口さん、愛知大学・中村直美さんとともに、２０１５年10月開催の「人物図書館in大阪」で、幹事をすることとなった。

会場確保には苦慮したものの、地元・関西で抜群の知名度を誇るエル・ライブラリー（＊1）から会場提供の申し出をいただき、開催に漕ぎ着けることができた。

このときまでに人物図書館はすでに各地で開催されており、今回が関西初開催とあって、大いに注目を集

人物図書館大阪会場
エル・ライブラリーにて

めた。結果、本、読者とも多くの参加申し出があり、定員を増やし対応するほどの盛況ぶりとなった（*2）。

開催当日、身近な仲間たちが本となって、日頃口にしない「思い」や経験を語ってくれるのは、非常に楽しく新鮮なものであった。エル・ライブラリーの小さな閲覧室（これも失礼！）に参加者がすし詰めになって、本の持つ「思い」に酔い、参加者の口から言葉が飛び交う様は、独特な雰囲気を醸し出していた。日頃から交流の深い図書館界とは言え、なかなかに見ることのできない光景であった。

幹事として不手際ばかりではあったが、坂口さん、中村さんがサポートをしてくださり、何より本と読者の皆さんが盛り上げてくださったおかげで、この日はこうして大盛況となった。皆さんには、ただ感謝するばかりである。

ところで、大阪会場でもそうだったが、この人物図書館には、隠れた魅力がある。

それは、外部でどんどん講演をするような人気講師を、本にしないということだ。人前で話し慣れた方ではなく、あえてそうした経験が少ない人に語ってもらう。それが、この人物図書館の魅力である。あえてそうした人にスポットライトを当て楽しむと同時に、図書館員が備えるべき能力のためにも経験を積んでもらう、それもまた坂口さんという人の「思い」であろうか。

坂口さんの「思い」と言えば、この人物図書館の最大の狙いは、「図書館員が元気になる」ことだ。大勢の読者の前で、自身が本になってその「思い」を語る。読者は多くの本を読み、魅了されたり、食事を楽しみながら読者同士で感想を伝え合ったりする。ときには、本と読者が直接語り合い、双方が新たな気づきを得たりもする。自分の経験からしても、人物図書館に参加した「図書館員が元気になる」こと請け合いだ。元気で前向きな気持ちになった参加者同士がつながり、今後の可能性を広げていく点も見逃せない。

それにしても、坂口さんには恐れ入る。かつては明治大学和泉図書館（＊3）の事務長として、日本中から来る視察に対し、数百回も熱くその「思い」を語った方である。視察者は皆、同館の素晴らしい施設や資料以上に、坂口さんのメッセージや情熱に頭がいっぱいになり、帰路についたことだろう（かく言う私もその一人である）。

退職しても「独立系図書館員」を標榜し、この人物図書館を日本中で行っているのだから、脱帽である。人物図書館に参加した図書館員は数百人に上り、そこで生まれた元気とつながりが、参加した図書館員のみならず日本の図書館界を活発にしていると言っても過言ではあるまい。

しかし、あえて言っておきたいことがある。

坂口さんをはじめとする大先輩方に、現役図書館員がいつまでも頼っていてはいけない。

現役が自分たちの手で図書館界を活発にし、社会の中での認識や立ち位置を変え、「図書館員が元気になる」必要を感じさせないようにしたいものだ。

二度人物図書館に参加し幹事も務めた私としては、これからも人物図書館が盛り上がってほしいと願いつつも、そこに参加した皆が活躍し、人物図書館が要らなくなるような図書館界になれば、とも考える。

人物図書館に参加した皆で、坂口さんたち先輩方が安心して後を託せる図書館界を創りたい、私は密かにそう考えている。

（＊1）エル・ライブラリー公式サイト
http://shaunkyo.jp/

（＊2）「人物図書館in大阪」の案内は、会場となったエル・ライブラリーのブログや、私のブログで紹介している。
http://l-library.hatenablog.com/entry/20151014/1444794090
https://karatekalibrarian.blogspot.com/2015/10/in.html

（＊3）明治大学和泉図書館は、間違いなく近年最も大学図書館界の注目を集めた図書館の一つである。これほどの図書館を完成させた関係者の「思い」に、敬意を払いたい。
http://www.lib.meiji.ac.jp/use/izumi/index.html

（Ｗｅｂサイトは、いずれも最終アクセス２０１８・７・１）

〈オススメの１冊〉

『ささえあう図書館
「社会装置」としての新たなモデルと役割』
青柳英治 編著　岡本真 監修　（勉誠出版）

⑤長崎県長崎市

⑤ 長崎県長崎市

開催年月日　2015年12月12日

開催会場　リッチモンドホテル長崎思案橋　夜光杯

参加者数　12人

参加者種別　学校図書館員　公共図書館員　学校教員　学校生徒
大学教員　元学校教員

＊学校関係者が多かった。チャンプは「あったかい図書館」を語った小池杏氏に軍配が上がった。長崎観光に合わせて参加した親子がいた。

「あったかい図書館」

独立系司書教諭
小池　杏
（他に札幌に参加）

鍵をかけている学校図書館はまだまだ全国に数多くあります。いろいろ問題の起きがちな中学校ではとくに…。でも私は閉まっている図書館が嫌で、いつも朝行ってすぐ鍵を開け、帰るときにしか閉めないようにしています。それは、いつだれが来ても使える図書館にしたかったから…。「いつでも開いている」ということが大切なのです。

A君。無断欠席が続き、来てもいつも遅く、だらしない服装で登校。校内で派手に暴れるというわけではないのですが、まったくの無気力で何もしません。いつもけだるそう。友人もおらず、「彼女」や「友達」ができても、いつの間にかその子たちには腕や顔にあざができたりしていました。どうやら彼は暴力をふるっているようなのです。それも仲良くなればなるほど…。そして振るわれたその子たちは耐えきれず離れていきます。また孤独になり、ますます無気力になるA君。

聞くと、どうやら成育歴に親による虐待があったらしいというのです。今はなくなったようですが、それが今度は成長した彼に出てしまっている。どうしたものやら、私たちも困っていました。

朝、たまに早く来ても、朝読書はしません。ぼうっと座っているか寝ているか……。授業中も同じく。いやになると無断でふらっと帰ってしまったりします。

ある初冬の日、彼が遅く登校して教室へは行かず、図書館に入りこんでいたという「事件」が発覚しました。学校図書館を管理する司書教諭（学校司書もまだいなかった）の私としては、困ったことだ！と思いました。生徒指導の意識の強い中学校、こういうことがあると「たまり場になる」という理由で学校図書館が閉鎖されることがあるので

す。そうなっては、いつも開けていたことが裏目に出てしまいます。困ったな…と思っていましたが、幸いそういう声は出ず、何とかそのままで開館していました。

ある日、A君のクラスの副担任でもある私は、朝、間に合ってきても全く朝読書をしないA君のために森絵都作の『カラフル』を持ってきました。そして、もう読書が始まってからやってきて面倒くさそうに座るA君に手渡したのです。

「これ、図書館のを貸してあげるから読んでみて。面白いよ！」

と小声で一言。

なんだろう？という顔をして物憂げに手にとった彼でしたが、なんとなくぱらりと開き、なんとなく文章を眺めています。そして冒頭部分で「おめでとうございます、抽選に当たりました！」と唐突に出てくる天使プラプラに惹かれたのか、しだいに読み始めました。

死んだ主人公の少年の魂が、自殺未遂を起こした小林真という少年の体に「ホームステイ」する…という設定に、まず皆ひきこまれるのです。そして物語の中の家族や社会の様々な問題に向き合いながら、自分もいつの間にか考え始め、同時に癒されてもいきます。

それまで20年以上、私はこの本をいろいろな生徒に手渡してきました。そして、心に何かを抱えた子ほど強く惹かれるのを見てきたのです。

しめしめ、この子は授業中に見ていても勉強（特に国語）は嫌いじゃなさそうだし、読み始めさえすればひきこまれるのでは？　と思って数日見ていたら……、案の定、しだいに読み進めていくA君。やがて、朝も読書の時間に間に合うように来るようになりました。

そしてある日、「読んだよ、次のは？」とぶっきらぼうに言うのです。どんどん読み進めるA君に、私は同じ森絵都作品を次々と貸しました。最初は朝、私が図書館で手続きをして持って行っていたのですが、そのうち何と、本人が図書館までちゃんと借りに来るようになりました。

「センセ、このオレ様が借りに来てやったんだよ！」

とちょっと偉そうに、恩着せがましく、また自分でもびっくりといった面持ちで少し照れながら言っています。確かにA君の、本をちゃんと借りる姿は不思議な光景でした。

そのうち、森絵都作品を読み尽くすと、「他の本は？」と私に聞いたりしながらも、ちゃんと自分で選ぶようになりました。次々と借りていくようになったので、何を読んでいるのかな？と思ったら、文庫本コーナーの軽読書もの…。ちょっぴり「オタク」と呼ばれる子たちが好む本です。

そうか、彼はじつは単なるオタクだったんだね！と生徒指導の先生が目を丸くして嬉しそうに言いました。

そのうち図書館に来ている「オタク」どうしで話をするようになり、仲間ができました。そしてしだいに彼は一人の「普通の生徒」になっていったのです。もう友達に暴力をふるうこともなくなり、服装も普通になってきました。

もちろん、彼がそうなったのは、生徒指導の先生や担任の努力は大きいのですが、学校図書館やその本の持つ力もきっとプラスになったものと思います。本当に嬉しい変わりようでした。

数か月たったある日、A君に

「あの日、ああいうふうに、行くところがないときに図書館に入っていたこと、私としては嬉しい気もするんだけどね、『だからいつも鍵を掛けていないとだめなんですよ』と他の先生方から言われることもあるんだよね。先生はあの時、ほんとうはちょっとひやひやしたよ。なんであの時図書館に入ってたの？」

と聞いてみました。

すると彼はポツリと一言、

「あったかかったから…」

私はいつもだれが入ってきても使えるように、冬は普通教室と同じように必ず暖房を入れてもらっていたのです。使わないときはもったいないという理由で入れてくれない管理職もいますが、そのときの教頭先生は理解があって、

「そうだね、いつも図書館、よく使われてるからね」

と何の疑問もなく暖房を朝からセットしてくれていたのでした。

「暖房入れてもらっててよかった！ 開けててよかった！」とまるでコンビニの宣伝文句のようなことを思いながら、これからもいつも「あったかい」図書館をつくろうとしみじみ思ったのでした。

〈オススメの１冊〉

『カラフル』
森　絵都（講談社）

⑥ 愛知県名古屋市

⑥ 愛知県名古屋市（2）

開催年月日　2016 年 3 月 16 日

開催会場　　欧風居酒屋　サヴァサヴァ金山店

参加者数　　30 人

参加者種別　公共図書館員　大学図書館員　大学教員

＊愛知大学名古屋キャンパスで開催されていた大学教育改革フォーラム in 東海の参加者の一部が合流したこともあり、この人数に増えた。チャンプは胸の内を「告白」した伊東直登氏となった。

告白

松本大学図書館長
（元塩尻市立図書館長）
伊東　直登
（他に塩尻に参加）

将来、何になりたい？

誰でも聞かれたことのある問いかけです。

そして、未来の自分を見つめてみるひととき。

生来、空想癖、妄想癖は強かったので、正義の味方やタイムトラベラー、巨人の星などなど、いろいろなものに自由にあこがれました。誰でもそうですよね。文章として残し、記憶にも鮮明に残っているのは、小学校5年生のときに書いた作文での「考古学者」です。当時、ジャワ原人やトロイの発掘、インカ文明やエジプト文明の本に興奮していたのが忘れられません。今にして思えば、私の人生を左右した一冊との出会いがそこにあったはずですが、もう思い出すことはできません。図書館にあった一冊なのは間違いないのですが。

小学校の卒業文集では、将来なりたいものに「プログラマー」と書いています。なんのことはない、アメリカからの「プロ・スパイ」というテレビ番組の登場人物にあこがれてのことです。思春期に入ったわたしにとって、「グラマー」と書くのがとても恥ずかしかったのをよく覚えています。

その後、捨ててはいなかった考古学への夢を一気に燃え上がらせたのが、NHKのテレビ番組「未来への遺産」でした。そんなものに熱を上げて、将来どうするつもりだという周りの心配をよそに、大学受験は考古歴史分野一本で挑戦しました。大学は入るのが目的じゃない、とか、困難に立ち向かうのが俺の生き方、などとうそぶいていました。

大学では西洋史を専攻しました。しかしやはり、大学を卒業するにあたり、そんな狭い道で食べていける算段もつきません。身内には教職を薦められました。でも、よく知っている飲兵衛の先生がいて、まさに人生の反面教師、教職課程だけは断固取りませんでした。変なところで頑固でした。大学に残って研究者という道も頭をかすめましたが、やはり生活のことや、信州の実家へいつかは帰らなければならないという事情の中で断念しました。なんて、もとより能力がありませんでした。

こうして、生まれ故郷で市役所の役人という、それまでほとんど想定してこなかった長い道のりが始まったわけです。人生とはそんなもの、世間知らずの若造が描いた、よくある夢の話とお笑いください。

さて、市役所に入りまして、最初の仕事は市民課戸籍係でした。3年目には、周りの市町村にも居なかった法務省の上級研修を修了し、この新しい世界で鼻を高くしておりました。

仕事が面白くなっていたこの年、同じ市民課で住民基本台帳の電算化の話が進んでいました。さあ、また新しい仕事だとはりきっていたところ、コンピューターに詳しい新人が入ってくるからと、玉突きで水道局庶務係へ異動。コンピューターができないから仕方ないのですが、やはりこういう異動って悔しいですよね。鼻っ柱は、あっという間に折れ、役所の論理を知りました。いい勉強になりました。

ところが、水道局で任されたのが、なんと水道局企業会計の電算化。水道局でも電算化を進めていて、組んでいる会社も初めての公営企業会計ソフトとのことで、共同開発に近い形でした。もちろん、私はコンピューター言語を操るなんてことはできません。でも、役所の知識とコンピューターの知識をぶつけ合いながら、新しいプログラムを開発する仕事は楽しい業務でした。電算化への移行期にあたるこの年は、手書き伝票とコンピューター入出力の二重事務をやりました。手書きだから分かる企業会計・貸借対照表の仕組み。勉強になりました。

翌年、4月から本格稼動へ移行。1年の苦労が実を結び、さあいよいよという3月末、突然の内示があり、なんとたった1年で教育委員会の文化財係へ異動となりました。当時進められていた長野自動車道建設に関連して、市内のバイパス道路工事などに先行する埋蔵文化財緊急発掘調査に対応するための増員でした。考古学やっていたのか、ですって？ 私が好きだったのはピラミッドです。その昔、発掘のアルバイトを5日間やったことがあるという経験がその理由でした。いかに人が居なかったことか。

一応、前回の異動とは反対に、引っ張られての異動ではありますが、理由が理由ですし、財務ソフトの完成目前でしたのでショックではありました。でも、発掘の仕事は楽しい仕事でした。県内初の縄文早期の集落や中期の環状集落、古墳など現場にも恵まれ、真っ黒になって発掘現場を渡り歩いた日々は、人生の中でも忘れられない一時期です。

そうなんです。振り返ってみたら、かつて夢見た「プログラマー」らしき仕事をし、「考古学者」らしき仕事をしていたのです。

まるっきり違う人生を歩んでいると思ったのに、人生何が起きることか。因果は巡る糸車、巡り巡って風車。面白いものです。

ご存知のとおり私は、市役所生活最後の仕事と決め、図書館づくり、図書館を通した地域づくりに携わってきました。最後の仕事は、市民の笑顔を作る仕事をしたい、という夢を叶えていただいた仕事でもありました。多くの仲間や各面の皆様に恵まれ、支えられて、充実した走りっぱなしの年月でした。中学校の図書委員長のときに委員でいた下級生が、市議会議員として応援してくれたというのも、面白い因果と言えるでしょうか。今、この話を聴いてくださっている皆様をはじめとする多くの皆様との出会いと関わりこそ、何物にも替え難い宝物です。

この職をもって、私の仕事人生を閉じる予定でした。

しかしわけあって、最後まで図書館に留まっていられなくなってしまいました。図書館での仕事が最後の仕事とがむしゃらに生きてきましたので、その居場所を失うことになるとは思ってもいませんでした。失意の中で、公務員生活の最後は、本庁に帰ってどこかでひっそりと終えようと、決心を固めたのです。

そんなとき、地元の大学の司書課程の先生から、退職するので後をやってくれないかとお誘いがあったのです。神様は、まだ私に図書館の仕事をさせてくれるのか。やれと言ってくれるのか。この歳になって人生の転機。捨てる神あれば拾う神あり。不思議な思いでした。

というわけで皆さん、これが初めての公式発表です。こ

伝えたいのは去るつらさと語る背中

の3月で塩尻市立図書館を辞めます。4月から大学に籍を移し、司書の養成に最後の微力をつくしながら、幅広く図書館のためにお役に立つことができればと思っています。

思えば、社会人になるときに淡く抱いた大学で働くという夢想が、なんと40年近くもかけて巡ってきました。図らずもどころか、一片の想像もしなかったことです。

ついでに、絶対にならないと決めていた飲兵衛の教員として、人生の最後の一仕事をすることになりそうです。

あざなえる縄のごとし。万事塞翁が馬。人生、何が起きるか分からないものです。

面白いものですね。

〈オススメの１冊〉

『流転の海』第一部
宮本　輝（新潮文庫刊）

人生13年周期説の行方《ゆくえ》

名古屋市山田図書館
鈴木 崇文
（他に名古屋1回目、坂戸に参加）

私のような者が、大先輩や前途有望な若者の集まる人物図書館で話をするなど大変おこがましい。しかし、資料や情報源は多様、それらを作り出す人間はそれ以上にバラエティに富んでいるであろうことを頭に浮かべると、出来のよくない話も全く意味がない、とは言えないかもしれない。いつもグズグズしている、なかなか物が覚えられない、さらに最近は物忘れをして慌てる。これも人間、いやこれは貧しい私の姿である。

坂口さんの愛につつまれた人物図書館に参加した時（愛があれば救われる！）、ちょうど40歳であった（もう、惑う体力がなくなりつつある歳）。振り返ると、この40年間、およそ13年ごとに行動スタイルが変化していた。そこで「人生13年周期説」とのタイトルで、恥ずかしい歩みをかいつまんでご紹介した。以下が概略である。

第1周期。ひとり遊びを好む田舎の子どもが、保育園、幼稚園を経て小学校に入学。足し算も引き算もなかなか理解できなかったが、3年生ぐらいから居場所を確保しそれなりに元気に通学（単に雰囲気に慣れただけだろうか）、「十にして学に志し」（冗談である）、昭和最後の4月に中学校へ。勉強に熱中。

第2周期。ある日突然、机に向かうことができなくなり、寝転がりながら広げる時刻表と旅行ガイド、書店通いが心の支えとなった。心身ともに安定しないまま月日は過ぎ、浪人・中退・留年・引きこもりのセミプロとなる。出口の見えない生活に絶望しかける。

第3周期。このような中、アルバイト先の新刊書店の棚で、ある医学書に、

イスタンブールの古本屋街にて（2014年1月）

さらに某コンビニエンスストアで週刊誌の病気の特集記事に出会う。自らの症状とのあまりの類似に体に電流が走り、全世界の創造神に感謝しながら最後の望みの思いで治療へ。ここで劇的に体力が回復し、どうにか就職、現在に続く図書館での仕事をスタートさせることができた。就職先が図書館となったのは偶然である。馴染みのあった教職も考えたが、単位取得までに有する時間、不登校期に学校に悪いイメージが付き過ぎたこともあり、親しんだ本に関係する職業になった（年齢的に民間企業・書店への就職が難しい時期になっていた）。

それまでの私にとって図書館は落ち着く場所でも好きな場所とも言えなかった。薄暗い館内、素人を遠ざける難しそうな分類など図書館は強いて言えばどんよりした落ち着きの悪い館であった。しかし、図書館理念と時代への対応に力点を置いた司書講習の影響もあり、詳細は省くが就職時には次のような目標を思い描いていた。①市政と市民生活の持続・発展　②出版業界全体の持続・発展　③図書館の持

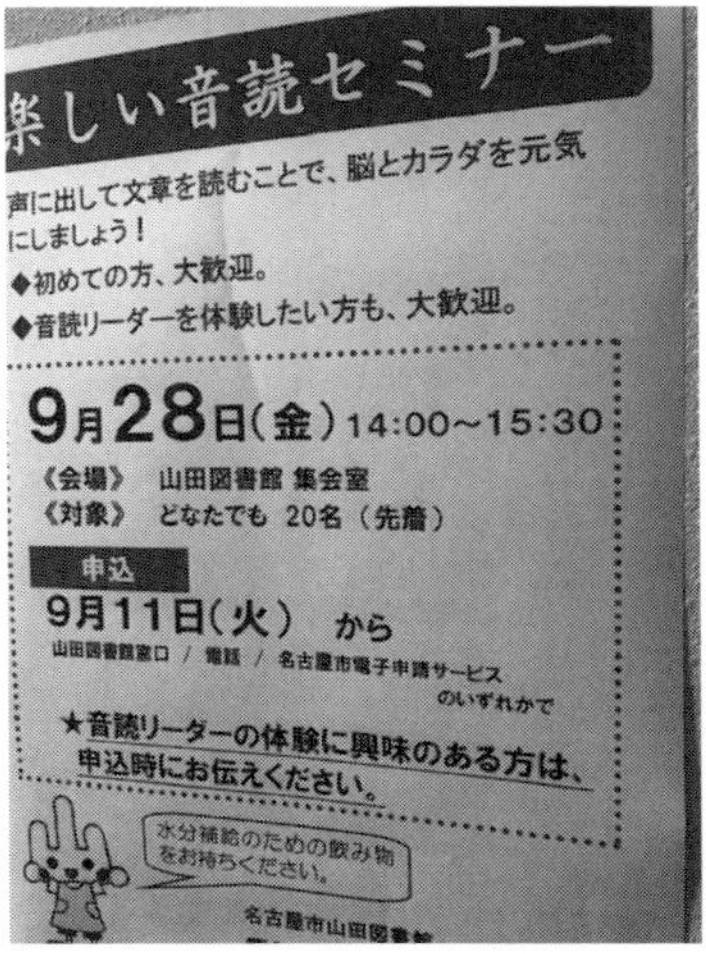

名古屋市図書館の特色ある活動のひとつ

続・発展。実は、これらとはタイプを異にする目標があるのだが、これは別機会に譲りたい。

ところで、課題は13年周期説ではなく、13年周期説の行方、である。13年周期では今は第4周期にあたるはずである。健康期↓不健康期↓健康回復期、の次は一体何か？ 当時、健康衰退期、もしくは終末期という言葉が頭をかすめながら13年周期という言葉を使い、ひそかに重苦しい思いをしていた。

ちょっと観点を変えてみたい。これと言った特技を持たないにもかかわらず、多くの方々に導かれながら図書館という場で仕事できることは、有難い幸せである。それでいて、先の目標までの距離は遠い。今できることは、ポケット図書館（携帯端末）が普及している時代だからこそより意味を持つ、人と人との出会いによる刺激や火花を少しでも多く作り出すことだろうか。と同時に、周囲にとらわれず自分の好きなことを少しずつ温めてゆきたいとも思う（あれっ、好きなこと、とは？）。言うは易く行うは難い。人物図書館に学んでいきたい。

〈オススメの１冊〉

『新編 明治精神史』
色川大吉（中央公論社）品切れ

サカサマと人物図書館とROCK司書

田原市中央図書館
大林　正智

1　サカサマライデン

豊橋鉄道渥美線三河田原駅に、一本の電車がエレガントに到着した。いつもエレガントな渥美線だが、この日は特にエレガントに。

というのも、その電車にサカサマが乗ってライデンされたからだ。サカサマというのは（さすがにもうご存知とは思うが）世界平和のために図書館員同士をつなぐべく、世界中を漫遊するエレガントな人物図書館長である。

ライデンというのは戦闘機でも力士でも、YMOの曲でもない。田原に来る、という「来田」だ。サカサマは田原市中央図書館を訪問するためにライデンしたのだった。

サカサマが何を思って田原の図書館を訪問したのかはわかっていない。盟友のN村さんからの紹介だったのだろうか。とにかくＲＯＣＫ司書もサカサマの尊顔を拝することになった。そしてサカサマはこの図書館を気に入ってくれたらしい。「図書館員がいい！」と言ってくれた。それがお世辞でない（と思いたい）証拠に、さほど間をおかず、図書館を再訪してくれたのだった。

このときは図書館長以下ヒマな図書館員、いや、ヒマじゃない、そこそこ忙しいんだけど、何としてでもサカサマとお話ししたいという面々が集まり歓迎の宴を開いたのだった。そこで繰り広げられたのは熱い図書館談義の数々、ではなく、サカサマの出身地とフランス革命期の侯爵の名前をかけた（図書館長の）ダジャレの嵐だった。

「いや〜、わけのわからない人だね〜」

「サカサマにだけは言われたくない！」

という応酬があったことも付け加えておこう。

そして宴の後、サカサマとＲＯＣＫ司書は渥美線で豊橋へと向かったのであった。渥美線はいかなるときもエレガントに走る。このときもそうであったことは言うまでもない。

2　ROCK司書はいかにして人物図書館を楽しんだか

そんなサカサマから、ある日、ROCK司書に「人物図書館に『本』として出ませんか」というお誘いがあった。えー、ホントに？　こんな本でいいの？

「その本がいいんです。どうぞお越しください」

ROCK司書はふだん「どんな本にも何らかの価値がある」と考えている。ランガナタンのEvery book its reader.（いずれの本にもすべて、その読者を）の解釈として。だとしたら自分という「本」にだって何らかの価値があるはずじゃないか！　そんなこと考えたこともなかったけど。

さて、どんな本ならみんなに読んでもらえるだろうか。サカサマは「図書館員が高齢者施設に出向いて歌ったり踊ったり回想法をするなどの意義」について読みたそうだった。

「参加者に与えられた栄冠のめいじろう。どことなくサカサマの面影が…」

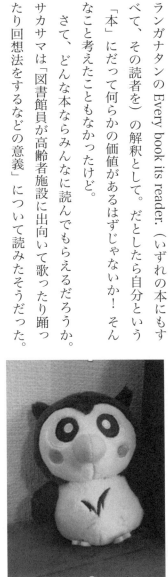

いわゆる田原市図書館の「元気はいたつ便」だ。来館が困難な利用者に対するサービスのひとつとして言えることはあるかもしれない。まあしかしこれについては直接担当してるわけじゃないからな、リアリティに欠けるんではなかろうか。

やはりここは「男らしさ of the year」で行くしかないだろう。「男らしさ of the year」とは田原市図書館の男性職員によって（業務時間外に）行われた「甘くて冷たいものを速く食べきることによって『男らしさ』を競う」というバカバカしい行事だ。それを図書館公式ＳＮＳで公開したところ、まあ小さなコップの中で嵐が吹き荒れ、いろいろとたいへんだった、という話。

図書館のような公共機関が「バカバカしい」ことをすることに一定程度批判があるのは当然で、問題はその批判に対抗できる正当性や論理的な強度があるかどうか、というところだろう。図書館が、そして図書館員が「外」に向かって自分たちの像をどう提示していくべきか、特にＳＮＳでの情報発信はどうあるべきか、を考えるにはいい素材なのではないか、この表面上のバカバカしさにしては。そんな真面目なことを思い浮かべて人物図書館からのオファーをお受けすることにしたのだった。

　さて、金山総合駅に、一本の電車がロックに到着した。いつもロックな東海道本線だが、この日は特にロックに。

　というのも、その電車には緊張でガチガチになったＲＯＣＫ司書が乗っていたからだ。本のタイトルは『ＲＯＣＫ司書はいかにして「男らしさ of the year」を闘ったか』だ。どうなることやら。

　果たして、人物図書館は大いに盛り上がった。人物図書館に排架された「本」たちは素晴らしかった。図書館員はやはり「本」のことがわかっている。そして図書館利用者（というのだろうか）も素晴らしかった。本は読まれることによって意味を成す。人物図書館における本についてもそれは変わらない。多くの読者に読まれ、本の意味が様々に生成する。読者の反応によって本もその内容を変える。「共にする読書」が立ち上がる体験を共有することができる。

　図書館のよいところは複数の本がいっしょに置いてあるという点だ。複数の本を読むことによって世界の見え方が複雑になる。世界にあふれる無限の可能性が提示される。本同士が影響を与えあってそこに拍車がかかる。これも人物図書館が「図書館らしい図書館」である、と言うことができる点だろう。これは全国津々浦々で盛り上がるわけだ、と納得したのだった。

ROCK司書の首尾はどうだったかって？　まあそれはいいじゃないか。あんなにキッチリ作りこんで練習もしたってのにね。まあとにかく「めいじろう」のぬいぐるみをいただくことはできたようだ。

さていつものように嵐を巻き起こしてサカサマは東へと帰っていった。東海道新幹線がいつもエレガントに走っているかどうかは確言できないが、このときばかりは例えようもなくエレガントだったに違いない。

では。また会おうぜ～。

〈オススメの１冊〉

『巨匠とマルガリータ』（全２巻）
ブルガーコフ 著　水野忠夫 訳（岩波書店）

⑦

宮城県仙台市

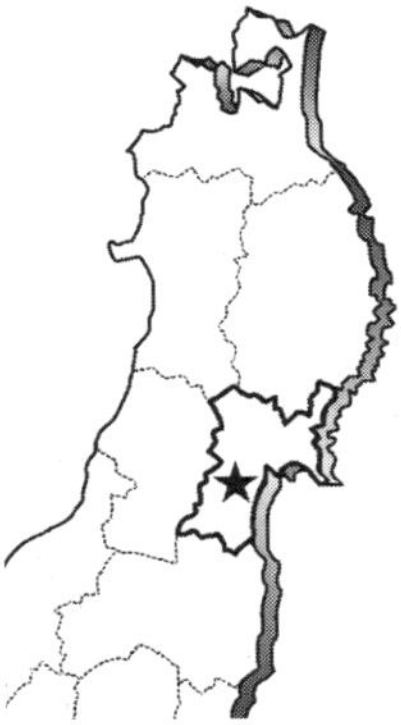

⑦ 宮城県仙台市

開催年月日　2016 年 7 月 30 日

開催会場　ハピネス酒場

参加者数　17 人

参加者種別　公共図書館員　大学図書館員　市役所職員
図書館利用者

＊アメリカの大学図書館員が参加した。一方 LGBT の関係者が参加して、性別にかかわる図書館の対応をテーマにした人がチャンプになった。

図書館と性別

図書館員さんに誘われて参加した一般人
佐藤　夏色

さて、ワタシは女でしょうか男でしょうか。それとも……他のなにかでしょうか。

皆さんのお隣に座っている方は女の人ですか。男の人ですか。そして、皆さん自身は女ですか男ですか。

ワタシは、物心ついた時から自分が女だということが嫌で嫌で仕方ありませんでした。だからって、男になりたいと思ったわけではなくて。どっちか選べるとしたら、男かなぁ…くらいな感じの人です。どっちの性別を名乗っても違和感があって、できれば性別を名乗りたくない人です。

その性別のせいで、図書館とケンカをしてました。

去年、市のホームページから要望を出したんです。「図書館の利用申込書の性別欄をなくしてください」って。「ついでに、カードに通称名書くのＯＫにしてください」って。ワタシの戸籍名は、女性にしか使われない名前で、それを見ても自分だとは思えないので、出来るだけ通称名を使って生活しているんですね。要望の件は、全国の図書館では柔軟に対応してくれてるみたいだし、まさか突っぱねられるとは夢にも思いませんでした。ムカついたんで、まぁ言いふらしましたよね。図書館の悪口をね、ネットやらなんやらで言いふらしたんです。そしたら、ワタシの浅く広い人脈がフィーバーしまして、アドバイスがアホみたいに届くわけですよ。図書館関係者がツイッターにいるぞ。と教えられれば実際に呼びつけて「初めまして。早速なんですけどどう思います～？」ってグチを聞いてもらいましてね。そのうち全国からアホみたいな量の資料が届くんですよね。漢字だらけでよく分かんない資料があちこちからね。これ持って戦ってこいっていってね。で、タイミングよく市議会議員さんを紹介されて、市

宮城県多賀城市立図書館

議会で一般質問してくれたんです。ここまではビックリするくらいうまくいったんです。勝てると思うじゃないですか。

多くの人を巻き込んだ末に…勝てると思っていたそのケンカに負けてしまったんです。8か月やってきて、まさか負けるとはねぇ。やさぐれちゃってね、酒の量が一気に増えました。人と会いたくなくなっちゃって、もうね、ココロを閉ざしましたよね。

友人がカッコいいことを言うんですね。「図書館は人権の砦であってほしい」って。しびれますよね。ワタシにはそんなカッコイイ言葉は思いつかないけど、図書館は誰もが安心できる場所であってほしいという想いは一緒です。

先日、図書館に行って、利用者カードを新しくしてもらいました。TSUTAYA図書館と呼ばれている超オシャレな図書館です。図書館で管理しているワタシの性別は女でも男でもなく「その他」に変更してもらって、カードには通称名を書きました。何も問われることなく、スムーズに手続きが終わって、あっけなく感じるほどでしたが、生まれて初めて「まっとうに扱われた」気がしたんです。ケンカに負けたはずなのに、いつの間にか要望が通っていたんですね。コッチになんか一言あってもいいんですけどね。あれだけすったもんだしたのに、一言もないとか、なんなんでしょうね。ムカついたんで、また言いふらしてやりましたけどねっ。まぁその件は置いといて。図書館で管理されている性別が「その他」になったって、本人や外部の人が目にすることはないし、カードにはバーコードが付いてるんだから、ぶっちゃけ何を書こうが図書館にとってはどうでもいいはずです。そのどうでもいいことで、生きるのが嫌になったり、逆になんとか折り合いつけて生きていこうと思ったり、ワタシのココロはすごく忙しいです。

穏やかに静かにひきこもって暮らしたいんです。

こんな風に人前でお話しすることになってしまったのも、図書館のせいだと思っています。

図書館関係の方が多い中、悪口ばかり言ってしまってほんとすみません。今日の話で、ちょっとでも何かを考えていただけるきっかけになればいいなと思います。

おわり。

〈オススメの１冊〉

『しまなみ誰そ彼』
鎌谷 悠希（小学館）

本を持って山に行った話

東北ビブバト大将
貝森　義仁

人に誇るほど読書経験はない。登山を趣味として、様々な山に挑んできたわけでもない。そんな私が「本を持って山に行く」という選択をするに至ったのは、私の人生において偶然の出来事だったのだろうか。少なくともあの時私は、「なんとなく」行動を起こしたのではなく、意志をもって動いていた。だからこそ、今振り返ってみたいと思う。

まずは、本との関わり方について。大学生になって、人並みに本を手に取るようにはなったものの、年間何十冊という読書量をこなすには至っていなかった。きっかけは、大学四年生のときだ。大学図書館から出された1枚のチラシに「ビブリオバトル」という聞きなれない言葉が書いてあった。5分間でお勧めの本をプレゼンし合う大会らしい。人前で話すことに抵抗のなかった私は、すぐに興味を惹かれ、そのまま「ビブリオバトル」の面白さにはまっていくのである。「人を通して本を知る。本を通して人を知る。」これがビブリオバトルのキャッチコピーである。様々な本との出会いは、本を紹介する人との出会いでもあり、読書の楽しさを感じるとともに、人の輪が広がる喜びを感じていた。ビブリオバトルが自分にもたらした変化や学びを端的に語ることは難しいが、結果的に言えば、登山と私を結びつけたのもこのビブリオバトルなのである。

人との出会いの中で、特に図書館員の方々との交流が増えていた。大学生だった私にとって、社会人とのつながりは刺激的で、多くの学びがあった。そして、ある図書館員の方との出会いが私を海外登山へと導くのである。「マレーシアに行かない？」食事の席で誘いを受け、二つ返事で受ける。マレーシアにはキナバル山（４０９５ｍ）という山があり、その登山の誘いであった。待ち合わせをして次に会ったのは空港。空港

マレーシア、
ボルネオ島のキナバル山にて
（2013年12月）

で会った時、「次はキリマンジャロ（タンザニア、５８９５ｍ）に行こう」とすぐに次の誘いを受ける。こんな調子で私の2回の海外登山は決まり、実施される。自分でもそのスピード感に付いていけていたのかは分からないが、じっくり考えては出せなかった決断なのかもしれない。登山経験はほとんどなかったが、最低限の情報を寄せ集めて、山に挑むことになる。そして、自然と私の中にある考えが浮かぶのであった。「頂上に着いたら、ビブリオバトルがしたい。」

ビブリオバトルとの出会いが、予想もしなかったところに私を連れて行ってくれた。だからこそ私は、頂上に着いたとき、自分が本の紹介を通してどんなことを語るのか、そこに興味があったのだと思う。一番の挑戦であった「キリマンジャロ山」の登山の時、私はそこで紹介する本にもこだわりがあった。選んだのは『経験と思想』（森有正著）である。この本は学生時代から幾度も読み切れず、途中で断念していた本であった。過酷な登山を乗り越えた先に、この本を紹介できる自分がいるのではないかと安易に期待もした。しかし、標高６０００ｍ近い登山では高山病も伴い、苦しさ、寒さ、蓄積する疲労の中で、本の紹介について考える余裕は全くなかった。けれども私は、必死の思いで登頂し、すぐさまビブリオバトルを決行することになる。何度も読み返した本だからこそ、言葉はすぐに出た。今まさに貴重な「経験」を得た瞬間だからこそ、語れた言葉だったのだと思う。

「本を持って山に行った話」は以上である。やはりこの出来事は偶然ではなかった。ビブリオバトルと人との出会い。それによってもたらされた「経験」であったのだ。この経験が私の人生にとってどんな意味をもつのか。このことを考え続け、折に触れてこの「経験」に立ち返ることが、私がこの本を選んだ一番の意味なのかもしれない。

〈オススメの１冊〉

『経験と思想』
森 有正著（岩波書店）現在品切れ

人物図書館のこと

シュガーレーベル・ライブラリアン
トモサン

明確な日時や場所はおぼえてないが、わたしの記憶が確かならば、人物図書館の企画を坂口さんと話したのは、東京で単身赴任をしていた最後の頃。明大前近くの呑み屋さんで話した時と記憶している。この辺りの記憶はかなりあやふやなのだけれど。

それまでもビブリオテークバトル（※1）というユニークな企画を継続的に実施していた坂口さんだから、この人物図書館も面白い企画になることは、容易に想像ができた。「いざ、鎌倉」ではないが、実施の際は手伝いますと約束をしたのだが、その後、わたしが仙台に帰ることとなってしまったため、開催の様子を東北で聞く日々が続いていた。しかし、ようやく仙台で開催されることとなり、お手伝いをさせていただく機会を得たのであった。

会場の選定や広報といった準備は、仙台で海辺の図書館（※2）という図書館活動を行っている庄子隆弘さんが精力的に動いてくれた。当日の様子については、おそらく本書の他の場所で書かれているだろう。ベスト本が決まった後、参加者がみんな本となって語りあっているうちに時間が足りなくなる盛会であった。参加者について、わたし自身の印象を書いてしまうと、地元以外の図書館員の参加が多く、地元でも図書館員以外の方の参加が多かったように思う（※3）。

わたしたち図書館員は、日頃のカウンター業務の中で資料を通して利用者とのコミュニケーションをはかると言う。けれども、わたし自身は慌しく過ぎていく日常的な業務の中で「本当にそれはなされているのだろうか」という疑問を持ち続けている。

資料の一つ、図書というカタチはいろいろな意味で確かに

著者の父、佐藤芳二郎

便利なものだ。ただ図書を手に取り、読むという行動を〝自発的〟に行うことが必要である。図書は手に取られないなら、コミュニケーション云々……以前のこととなる。そういう点では手段を図書に限定してしまうといろいろとやっかいだ。また、図書館員はどちらかというと引っ込み思案な性格の人が多い。一人ひとりはいろいろな体験をしてきて、いろいろな考えを持っているのにそれを表現することが苦手な人が多いのである。図書館という場所は本という表現されたものを扱っているのに！である。

そこで人物図書館である。坂口さんのおっしゃる、「人はそれぞれが一冊の本である」ことが重要な意味を持つのである。人と本を通したコミュニケーションは難しい時もあるが、本となってコミュニケーションすることはここちよい体験となる。人物図書館では、あらためて人という物語を発見したり、自らが本となって誰かに読んでもらうということ、表現することができるのである。

図書館員は日々の業務などで忙しいということはあるかもしれない。しかし、今後、人物図書館という場所に参加する図書館員や、図書館員という本が多くなることを期待したいのである。

（※1）ビブリオテークバトル：明治大学の和泉図書館でＭＵＬＵ（みちのく図書館員連合）が東京出張茶話会で開催した企画で使われていた名称であることは意外と知られていない。ちなみに命名者は、ランガナタン研究者の吉植庄栄氏である。

（※2）海辺の図書館：図書館員の庄子隆弘さんが実線している図書館活動。東日本大震災で被災地となった荒浜地域で、地域やそこにいる人たちの記憶をそれぞれ一冊の本として、荒浜全体を一個の図書館としていこうというものである。

（※3）翌日は、庄子さんの企画でオプショナルツアーとして「荒浜ツアー＆石窯ピザの会」が開催された。荒浜地域の見学、そこにいる人たちの記憶や体験を図書に見立てようとする図書館活動を体験してもらうこととなった。こちらも大いに盛会だったと聞いている。

〈オススメの１冊〉

『西夏文字―その解読のプロセス』
西田龍雄著（紀伊国屋書店）

迷子のすすめ

大人のための絵本よみやさん
香（かおり）

進む道の方向が分からなくなり迷い立ち止まった時、そっと行き先を案内してくれるような〝言葉〟と出会ったことはありませんか。それは、偶然手にした本や何気なく見ていたテレビの中の言葉だったり、誰かに相談しているうちに自分自身から生まれた言葉だったりしませんか。

わたしの経験では、いつか読みたいと思っていた『ぼくを探しに』シルヴァスタイン作／倉橋由美子訳（講談社）を読む機会があり、足りないかけらを探すぼくの言葉と失恋した自分を重ねて引きずっていた思いを手放すきっかけになりました。待ち合わせで訪れた本屋さんで出会った『受いれる』加島祥造著

（小学館）の言葉で職場の人間関係に悩み自分自身を責めるような暗い気持ちの日々から抜け出すことができました。

手紙を書くことで過去の自分から受け取る言葉もあります。日々の悩みは、3か月後に開封する自分宛の手紙を書きます。大抵は、手紙を書いていたことを忘れているのですが、読み返すと3か月前の自分の悩みは解決していて少しずつ自分が成長していることを実感することができます。6か月後…9か月後も同じ悩みが続いた時は、自分自身が変わらなければ解決しないことだと気づき、自分自身と向き合う時間を作るようにしています。

「ぼくを探しに」をきっかけに、大人になってから絵本を手に取るようになったわたしは、短い言葉と絵でまっすぐと心に入ってくる絵本は、考えすぎてしまう大人には必要だと思うようになりました。

2011年秋…『受いれる』と出会ったころ、仕事での電話応対で声を褒められることがあり、〝わたしに出来ること〟を探していたわたしは、声に出して伝えたい気持ち

流しデビューの青空の写真
（2016年7月、石巻　一箱古本市にて）

を込めて絵本を読む「大人のための絵本よみやさん」を始めました。

絵本は、年齢も今抱えている状況も違う方々に同じように伝わったり、同じ作品でも着目する場面の違いで感じ方が違ったりします。読み終わった後に皆さんと絵本から感じたことを言葉にして共有する時間も大切にしています。

決まった日時に集まるのではなく絵本とわたしに偶然出会ってほしいという思いから、イベント会場内を特注のキャスター付き本棚を引き「あなたおひとりのために、おひとつ読ませていただきます」と声をかけ歩く「流しの絵本よみやさん」も2016年夏から始めました。

おひとりに向けて読むので、会話をしながらキャスター付本棚に積み込んだ約三〇冊の絵本や詩集から一、二冊選びます。「幼いころお母さんを独占して絵本を読んでもらったことを思い出しました。」「もやもやしていたことの答えが絵本の中の言葉にありました。」と感想をいただくこともあります。一対一だからこそ、ぽつりぽつりとご自身のことを話してくださる方もいらっしゃいます。どの世代にも伝わり心を開くきっかけにもなる絵本の力を感じています。

「そこに住む人の体験を聞くことで一冊の本を読んだことと同じ体験ができ

る」と教えてくれた人がいました。

　わたしは自らの経験を絵本や詩を通して伝えているので、「絵本の紹介本」のような存在なのかもしれません。これから経験を積み、同じ絵本の伝え方も変わっていくことでしょう。新しい絵本や言葉と出会うことで選ぶ作品も変化していくことでしょう。その変化も楽しみながら、「大人のための絵本よみやさん」を続け、まだ出会っていない言葉が必要な人に届くように、思いを乗せて伝えていきます。

　進む方向が分からなくなり迷子になって立ち止まった時は、ちょっと休んで「進め！」の合図です。進む道を探す途中で、わたしという一冊の本の〝言葉〟と出会ってください。そして、あなたという一冊の本の〝言葉〟を教えてください。

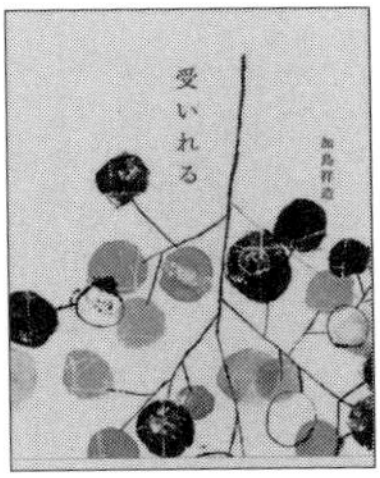

〈オススメの１冊〉

『受いれる』

加島祥造著（小学館）

⑧
埼玉県坂戸市

⑧ 埼玉県坂戸市

開催年月日　2016 年 11 月 19 日
開催会場　坂戸　和食 眞
参加者数　12 人
参加者種別　公共図書館員　大学図書館員　学校教員　大学教員
市役所職員

＊人物図書館に初回からたびたび参加している有山裕美子氏が3度目のチャンプになった。テーマは生徒たちと一緒に、非核特使として国連に行った体験記であった。

明日を生きる元気がもらえる、人物図書館

鶴ヶ島市教育委員会
砂生　絵里奈
(他に仙台、横浜、新宿に参加)

サカサマ、そして人物図書館との出会い

人が本になり、本が集まって蔵書になり、回を重ねて図書館になるのが人物図書館。その館長が、我らがサカサマこと坂口雅樹氏です。サカサマは、背が高くすらりとして、彫りが深い顔立ちの、ダンディーなおじさまです。

サカサマとは会うより先に、Facebookでお友達になりました。きっかけは、トサケン（図書館サービス計画研究所）代表の仁上幸治氏の講義で、全国の図書館や司書を訪ね歩いて刺激を与える、「風の人」として紹介されたことです。これは、お友達になるしかないと、帰り道にお友達申請しました。すると、す

ぐにお友達になってくれました。

それから数か月後、実際にお会いしたところ、すぐに意気投合しました。そして、埼玉で人物図書館を開催することを勧めていただきました。

その時は、人物図書館が何なのか全くわからない状態でした。

そこで、埼玉開催前に仙台で開催される、第7回人物図書館に参加することにしました。

人物図書館に参加して…

そこでの経験は衝撃的でした。初めてなのに、サカサマからいきなり本役をするように言われ、わけもわからないまま、図書館への愛情を語りました。そのときチャンプとなった方は、ご自身のLGBTのこと、それゆえの図書館の使いづらさについて話をしてくださいました。このことをきっかけにして、私はLGBTや、そのほかあらゆるマイノリティのことに

人物図書館埼玉
坂戸「和食眞」にて

ついて、深く考えるようになりました。

2日目は、東日本大震災で被害のあった荒浜ツアーに参加しました。仙台大会の主催者である庄子隆弘さんから、荒浜の被災状況から現状までを現地で説明していただきました。

その後は石窯で手作りピザを焼いてランチを楽しみました。震災後、初めて東北を訪れたのですが、美味しいピザの味とともに、震災を身近なこととして心に刻んだ瞬間でした。

人物図書館を主催する

いよいよ第8回埼玉大会の開催です。1日目の昼は、つるがしまどこでもまちライブラリー@鶴ヶ島市役所とのコラボで植本祭（まちライブラリーの本棚に、本を紹介しながら寄贈するイベント）を開催しました。サカサマと地域のまちライブラリー参加者との交流も楽しいひとときでした。

夜はいよいよ、第8回人物図書館です。ここで私は、主催者兼司会を務めました。

「図書館の楽しみ方」や「図書館の生き残り戦略」などの興味深い話がありましたが、チャンプは「記憶を継承すること」というテーマで、高校生とアメリカで平和を訴える活動をした経験を話した、有山裕美子さんでした。

2日目のイベントは、「埼玉まちあるき」と題して、小江戸川越観光や図書館めぐりをしました。サカサマは、その時めぐった飯能市立図書館に感激して、飯能市立図書館友の会に入り、現在ボランティアとして活躍しています。

人物図書館の世界にすっかりハマった私は、第10回横浜大会でも司会を務めさせていただきました。横浜大会では、その直前に出した拙編著「認定司書のたまてばこ」（郵研社　２０１７）の出版記念パーティーも兼ねていただき、大感激！　この本には、全国の認定司書の活躍のほか、人物図書館のことも書かせていただきました。

第11回新宿大会にも、企画から関わらせていただきました。どちらも大変な盛況で、学びの多い人物図書館でした。

私にとっての人物図書館

私にとって、人物図書館とは、人という本を読みに行くところです。図書館関係者も大勢参加していますが、異種業種の方々が参加することもあります。新しく出会った人たちとの交流がひろがっています。

人物図書館にはサカサマ館長のもと、たくさんの人という名の蔵書がありま す。その蔵書を手に取ると、それぞれの実体験が心に迫ってきて、新たな気づきを得られます。そして明日を生きる元気がもらえるのです。

皆さんのお近くで、人物図書館が開催されたら、ぜひ気軽にのぞいてみてください。特に準備はいりません。あなた自身が本なのですから……。

〈オススメの１冊〉

『津波の霊たち ―３・11死と生の物語』
リチャード・ロイド・パリー 著　濱野 大道 訳（早川書房）

人物図書館の魅力

独立系図書館司書
新堀 律子
（他に仙台、横浜、新宿に参加）

「今度、鶴ヶ島で人物図書館をやってほしい、とサカサマから言われているけど、様子が全くわからずにはできないから、次の人物図書館へ行こうかと思ってて、会場は仙台なんだけど、一緒に行かない？」

砂生絵里奈さんから、さりげなく誘われた人物図書館。今なら、意味が分かるこのセリフですが、言われたときは、人物図書館？ サカサマ？ 今度は鶴ヶ島で？ とクエスチョンマークが頭の中で飛び交っていました。でも仙台！ 伊坂幸太郎が好きな私にとっては行ってみたい場所の一つでした。そこだけは理解して、人物図書館に関しては、砂生さんから説明を受けたものの、わかるようなわからないような感じのまま現地へ乗り込みました。

ビブリオバトルの人間版のような、という説明どおりでした。でも、〝本の人〟は、私が考えていた以上に、バラエティに富んでいました。サカサマがどういうふうに〝本の人〟を集めているのかわからないのですが、人物図書館の魅力は、このいろいろな人の体験や考えが聞ける点です。

仙台での人物図書館は、私自身、初めて参加したからかもしれませんが、今も強烈な印象が残っています。一人ひとりの話す内容が新鮮で、仙台スタッフの素晴らしさを、その後何度も痛感しました。実は、仙台での人物図書館には地元をめぐるオプショナルツアーが組まれていました。3・11の津波で集落が流された場所をめぐる荒浜ツアーや、集落跡地に建てられたミニ集会所での手作りピザの体験など、東北大地震で悲惨な思いをした人たちから逆に元気をもらった、と思います。民泊までさせていただき、他では味わえない、濃厚な時間を共有しました。

私が勤めている鶴ヶ島市は合併をせずに、村から町、町から市になった小さな自治体です。合併がなかったため、他の自治体の仕事の進め方を学ぶチャンスが少なかった、とも言えます。私自身も、他自治体での仕事の仕方や民間の話、大学図書館の話などは、ほとんど知らずにいました。中央図書館の開館を控えて、同規模の図書館のある他自治体へ２週間の研修に行かせてもらったときに、同じ作業でも名称が違うことや、段取りが違うことを知り、興味深く思ったものです。今、図書館で働いている人から見たら、何をいまさら、と思うことかもしれませんが。

そんな井の中の蛙の私にとっては、その場に行きさえすれば、おいしい食事とお酒をいただきながら、知らなかった世界の話を聞き、いろいろな人たちの貴重な体験や考え方を聞くことができる、夢のような場が人物図書館です。

よく知っているつもりの人の話でも、「人に歴史あり」と感じることはたくさんあり

ます。サカサマ自身の話を聞いていないのが残念なのですが、日本中のあちこちに出かけて行って、よくぞこの方を〝本〟にしてくれました！　という人を探してくるのがすごいです。そして、人と人をつないで、自分も周りの人も楽しませてくれるのです。

次は鶴ヶ島で開催、と決まり、偵察もかねて仙台に乗り込んだ私たちでしたが、仙台のスタッフの素晴らしいもてなしと現地で食べた牛タン＆ずんだスイーツに、「鶴ヶ島だけでは無理！」ということで、近隣の川越ツアーや飯能市立図書館見学も追加して、皆様をお迎えしました。川越市は鶴ヶ島市の隣なのに観光に来たことはほとんどなかったため、一番楽しんでいたのは私たちだったかもしれません。サカサマにも楽しんでいただけたと信じています（笑）。飯能市立図書館は、地元の西川材を生かした美しい図書館で、ライトアップした夜景がまた素晴らしいのです。飯能市内にムーミンのテーマパークが作られる計画が決まっていたこともあって、ムーミン特集コーナーが作ってありました。過去にムーミン特集をした雑誌バックナンバーなども含め、充実した特集棚は、輝いて見えました。忙しい中、職員の方に丁寧にご案内いただき、とても助かりました。

人物図書館では、〝本の人〟だけでなく〝読者〟も大事な参加者です。どの本がよかったか投票して決めるのですが、その後、〝読者〟も一言ずつ話すのです。これがまた楽しいのです。いろいろな話が押し寄せてくる感じです。きっとサカサマ自身もこの魅力に取りつかれているのではないかと思います。機会があれば、また行きたいな、と思います。

〈オススメの１冊〉

『システムエンジニアは司書のパートナー
〜しゃっぴいSEの図書館つれづれ〜』
高野一枝 著（郵研社）

⑨ 京都府京都市

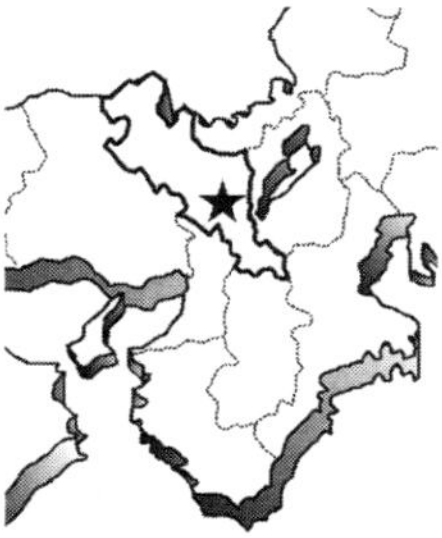

⑨ 京都府京都市

開催年月日　2017 年 2 月 24 日

開催会場　豆腐料理　わら

参加者数　10 人

参加者種別　公共図書館員　大学図書館員　大学教員
図書館利用者

＊「稼ぐ図書館員」という斬新なテーマで語った是住久美子氏がチャンプになった。

稼ぐ図書館員

是住　久美子
田原市中央図書館
（元京都府立図書館）

公共図書館に勤めて15年になります。はじめは滋賀県の草津市立図書館の臨時職員としてスタートしました。その時、私に図書館のことを一から教えてくれたのは同い年の嘱託職員の人でした。その後、幸運なことに採用試験に受かり、京都府立図書館で働くことになりました。京都府立図書館でも嘱託職員が図書館運営に欠かせない存在です。

歳が近い職員も多く、一緒によく遊んだり、飲みに行ったりしています。私が入った当時の京都府立図書館は、正規職員・非正規職員に限らず、日々の業務について何かを提案するというような雰囲気ではありませんでした（今は違います)。ですので、飲み会ではいつも愚痴で盛り上がります。でも、毎回同じ愚痴を何年も繰り返してきたら、いい加減飽きました。そういうこともあって2013年に「ししょまろはん」という自主学習グループが生まれたときに、そこでみんながやりたいことを実現しようとしました。

その一つが「京都が出てくる本のデータ」です。京都が舞台になった本のデータをみんなで集めてオープンデータとして公開したら、スマートフォンのアプリになったり、新聞に掲載してもらったり、ついにはコンテストで優勝して、賞金15万円を得ることができました。

「ししょまろはん」のやっていることに対して外部からの評価を得て、次第に図書館内部の理解も生まれ、正規職員の私は徐々にやりたいことが仕事になってきましたが、嘱託職員のメンバーの仕事内容に変化があったり、賃金や雇用の問題は改善されることはありません。それについてどうにかしたいという思いを強く持つようになりました。

その時に、『月3万円ビジネス』(藤村靖之さんの著作)とい

人物図書館京都会場
湯豆腐「わら」にて

う言葉を聞きました。月に3万円ずつ稼ぐことのできる仕事をいくつか持っていたら生活ができる。3万円以上利益が出るようなら、他の人を加えてシェアをすべきという内容が書いてあります。非正規の図書館員も今ある仕事をベースとしながら、それに加えて月に3万円ずつ稼げたら、少し生活にゆとりが生まれるかな。その3万円の仕事がとても楽しかったり、スキルアップにつながるものだったりしたら、何かが変わるかもしれない。ある時、京都府立図書館が民間企業に本の目録データを作成するために発注する一冊当たりの単価を見て、「そのお金がもらえるのだったら『ししょまろはん』にやらせてよ」って思いました。図書館員の知見をもとに情報を再編集して新たな価値を生み出すような「ししょまろはん」の取り組みを知って、こうやったら収益につながるとアドバイスしてくれる人がいました。私たちが作り出すものを使いたいと思ってくれる人たちは案外いるのです。可能性はゼロではないような気がします。

日本全国に、低賃金で不安定な身分で頑張っている非正規の図書館員がたくさんいます。いつか、「NPOししょまろはん」とか、どういう形態になるか分かりませんが、非正規の図書館員を集めて、それぞれの得意なことや、好きなことを活かして世の中のみんなの役に立つことを行って、月に３万円ずつ分配できる仕組みを作れたらいいな、なんて最近考えています。

〈オススメの１冊〉

『人間科学におけるエヴィデンスとは何か』
小林隆児・西研 編著（新曜社）

琥珀色の中に日本の教育問題を感じる

独立系図書館員No.8
安東　正玄
（他に札幌に参加）

人物図書館イベントとして京都で開催することとなり、京都らしく湯豆腐をつきながらの開催をしました。参加者でもある私は「ウィスキーの話」をさせていただきました。

日本のウィスキーが世界的にも高い評価を得ていること自体はみなさんご存知と思います。また、ＮＨＫの朝ドラ「マッサン」のおかげもあり、国内的にもウィスキーがブームとなりました。そのせいで山崎蒸留所のセミナーの予約も全くと言っていいほど取れない状況です。また中国のバブル景気で、投資として日本のウィスキーを買い占めている影響もあり、以前ではネット通販で

4千円程度で買えていた山崎12年が、今では2万円以上する異常な人気です。また昔1万円で売っていた山崎シェリーカスクがネットでは30万円の値段が付いています。もう正気の沙汰ではありません。悲しい限りです。

ところでウィスキーはご存知スコットランドのスコッチウィスキーを始め、アメリカのバーボンウィスキー、カナダのカナディアンウィスキー、アイルランドのアイリシュウィスキー、そして日本のジャパニーズウィスキーが世界五大ウィスキーとして宣伝されています。近年では台湾のウィスキー（KAVALAN）も登場しており、この台湾のウィスキーも世界的にもかなり評価も高く、結構人気もあります。日本国内では結構な値段で売られています。なお、私はまだお目にかかっていませんがインドのウィスキーもあるとのことです。

そもそもスコットランドの地酒（アイリッシュの方が古いとの説もある）が、日本で作られるようになったかは「マッサン」に任せるとして、日本人の科学的根拠の追究の高さと味や香りなどの日本人の感性とバランス感覚を基本とした探究心によっ

て、現在のジャパニーズウィスキーが、世界の名だたる賞を総なめするほどになっているのも嬉しい話です。

前置きはその程度にして、特にウィスキーのブレンドと熟成に関する話は、教育現場で働く私の感覚ともマッチしたこともあるのでぜひお伝えしたいのです。

細かい話は省略しますが、麦芽を液化し発酵・蒸留し高濃度のアルコール（ニューポット）を作り出します（ここにもいろんな工夫がされています）。その後、一番影響がある「樽での長期熟成」でウィスキーらしい風味や色などが形成されます。

樽に使用する木材も長期保存に適した質の良いものしか使えません。それも100年から200年かけて成長した高級家具にも使用しているオーク材を使用します。

一般的にスコッチの作り方をベースとしているジャパニーズウィスキーでは、バーボン樽(バーボンは新しい樽しか使わないことに法律で決めている)やシェリー酒を詰めたシェリー樽、ワインを詰めたワイン樽などを使用します。その様にしてより複雑な風味を出しているのです。

ちなみに有名なマッカランはシェリー樽しか使わないことで有名です。

また樽を保管する場所の環境の違い（なんと空調は入れないで自然のままにすることで樽が呼吸し、自然の熟成に任せるのです）もあり、樽で熟成されたものにどれ一つ同じ物はありません。その上、職人が丁寧に管理しているのにもかかわらず、中には非常にクセのある（できの悪い）のも必ず出てくるとの事です。しかしそのクセのある原液を少し加えるだけで、とても美味しいウィスキーが仕上がるという話です（ただクセのあるのはかなり薄めても個性が強いので取り扱いは難しいとのことです（笑））。

そして教育もそうですが、熟成にかなり年月を要するのも特徴です。中には短期間でもピーク（最も良い状態）になる原酒もあるらしいのですが、大器晩成型？の原酒などもあり、基本的には5年から10年20年先を考えて、熟成・保存していくことがウィスキー作りでは求められます。特に長期熟成のウィスキーは貴重なので、高

値で取引されます。長期熟成したウィスキーはアルコール濃度が高くても角が取れて複雑でなんとも言えない風味と味を持っているのです（人もそうあってほしい）。

なお日本のウィスキー市場は、酒税（国策）の影響や文化の変化、ブームなどの影響もあり繁栄と衰退を繰り返しています。その中でも将来の見通しを立てていくことが結構大変らしいです。全くウィスキーが売れない時にでも将来のために蒸留しアルコールを作って来たからこそ、現在のジャパニーズウィスキーが有るのです。日本の教育に対する課題のようにも感じます。

今宵も先人の未来を信じて大切に育て、いろんな思いがこもった琥珀色の甘くて香ばしい香りの液体を、楽しみたいと思います。

〈オススメの１冊〉

『笑ってはいけない、ダウンタウンのお笑いモデル』
佐藤　豊（デザインエッグ社）

人物図書館と私

京都大学
今野　創祐
（他に大阪に参加）

私と「人物図書館」との出会いは、本稿執筆時から二年半ほど遡る。知人の図書館員である井上昌彦氏のブログ「空手家図書館員の奮戦記」にて、「「本」と「読者」を大募集！「人物図書館in大阪」へお越しください！」というタイトルの記事がアップされ、「参加してみよう」と思ったことが全ての始まりであった。

このとき、私は「人物図書館」の何たるかも知らず、ただ、主催者である井上氏および中村直美氏（愛知大学）、坂口雅樹氏（独立系図書館員、元・明治大学和泉図書館）のお三方と知り合いであったこと、また、会場が大阪にあるエル・ライブラリーという、私にとっては馴染み深い図書館であったことなどが、参加のきっかけとなった。ここで私は初めて「人物図書館」に参加し、「ビブリオバトルの人物バージョン」とでも言うべきスタイルのゲームであることを知った。この時は私は「読者」(＝聞き手)の役回りに徹し、専ら「本」役の方々の興味深いスピーチに耳を傾け、投票し、終了直後の懇親会にて美味しい料理とお酒を楽しむのみであった。

その後、この「人物図書館」の発案者である坂口氏より、光栄にも、「人物図書館in京都」を共同で主催しませんか、という打診を受けることになった。そこで私は、安東正玄氏（立命館大学）、是住久美子氏（当時は京都府立図書館。本稿執筆時の所属は田原市中央図書館）にお声がけし、主催にあたってのご協力をお願いしたところ、快く共同主催者となっていただけた。

２０１７年２月24日に「人物図書館 in 京都」は開催されることとなった。会場は安東氏の推薦により、立命館大学衣笠キャンパスにほど近い湯豆腐屋「わら」となり、私は参加者募集のための広報（私が所属する各種団体のメーリングリストへの投稿など）、当日配布した進行予定を書いたチラシの作成、筆記用具の用意などを担当した。結果的に、当日は「本」役が3名、「読者」役が8名の合計11名が出席し、盛会となった。私自身も「本」役として参加し、得票数は最下位の3位に終わったものの、参加賞として、坂口氏より珍しいカレーをいただいたのが、良い思い出である。

調べてみると、この「人物図書館（ヒューマン・ライブラリー）」という名称の試み自体は先例が存在する。「ヒューマン・ライブラリー」という名称のイベントが始まったのは２０００年のデンマークであるが、もともとは「人を貸し出す図書館」というコンセプトの企画であった。この試み自体は日本でも既に実践例はある。しかし、この「ビブリオバトルの人物バージョン」というスタイルの「人物図書館」を考え出したのは、まさに坂口氏のオリジナルなアイデアであり、多大な功績であると言えるだろう。

本稿執筆時点でこの坂口氏が考え出した「人物図書館」は、全国各地で11回開催されるに至っている。

現代日本において、出会いを創造するという観点から、新しいヒューマン・コミュニケーションのあり方として、「人物図書館」は大いに意義のあるものと筆者は考えている。この「人物図書館」が一過性のブームに終わらず、「ビブリオバトル」のように広く世の中に定着し、新たなコミュニケーションの可能性を広げる手段として今後も展開していくことを祈って、筆を擱《お》きたい。

＊ http://karatekalibrarian.blogspot.jp/2015/10/in.html（２０１８・４・29閲覧）

＊横田雅弘「ヒューマンライブラリーという図書館　～新しい図書館のかたち～」『情報の科学と技術』68巻1号、２０１８、ｐ19－24など、横田による論文を参照。

＊この坂口氏考案の「人物図書館」に関連した記事としては、千葉浩之「人物図書館in北海道」『大学の図書館』34巻12号、２０１５、ｐ２４０がある。

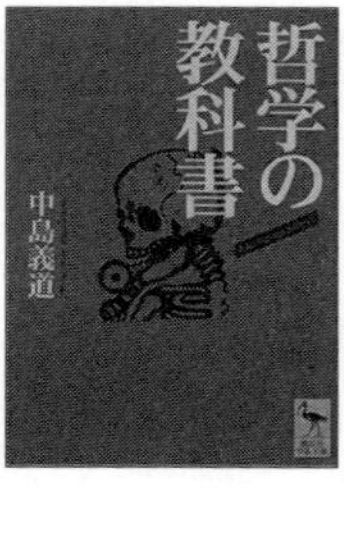

〈オススメの１冊〉

『哲学の教科書』
中島義道（講談社）

⑩ 神奈川県横浜市

⑩ 神奈川県横浜市

開催年月日　2017 年 6 月 10 日

開催会場　野菜レストランさいとう

参加者数　25 人

参加者種別　公共図書館員　大学図書館員　大学職員　元学校教員
市 / 区役所職員　団体職員　元システム・エンジニア

＊この回から本役（バトラー）だけではなく、読者役（聴衆）も話す時間を設定した。前者は 5 分、後者は 90 秒である。チャンプは本役 3 回目で山本みづほ氏が獲得した。

パールハーバー、ヒロシマ・ナガサキアーカイブを知っていますか?

独立系司書教諭
山本 みづほ
(他に塩尻、長崎、名古屋に参加)

突然ですが、皆さん真珠湾攻撃の日付けを知っていますか? 12月8日!

そう日本では習います。12月7日生まれの私は、アメリカ人の友人に誕生日を聞かれると、「パールハーバーの前の日」と答えていました。で、何だか6日に「Happy Birthday」と言われている気がするのはなぜ?と思いつつ、こういう性格ですから気にしていませんでした。しかし、ある日ワシントンDCにフランス人の英会話の先生を尋ね、一緒に観光をしたときに知ったのです。12月7日パールハーバーの日と書いたモニュメントを見て。

アメリカは国内でも時差のある国ですが、日本と真珠湾の時差は19時間もあります。だから、1941年12月7日の朝の日本軍の攻撃は、日本時間では8日になります。でも、1945年のヒロシマ・ナガサキの原爆は攻撃したアメリカ本土時間では、8月5日と8日になるはずですが、アメリカでもちゃんと8月6日と9日が原爆の日です。

パールハーバーの日は日本でも12月7日とすべきではないでしょうか？

首都大学東京（現東京大学大学院教授）の渡邉英徳先生が中心となって作成されたナガサキアーカイブをご存知ですか？　長崎の地図の上にたくさんの人の顔のアイコンがあり、それをクリックすると被爆時の証言が文章や動画で出てきます。アプリを入れて長崎に行きスマホをかざすと、ポケモンGOのように今自分がいる場所に、近くで被爆した人の顔アイコンが次々に入って来て、その場所に行くためのグーグルマップが出てきて、徒歩何分と道案内が出ます。

長崎の次に広島でもヒロシマアーカイブが作成されました。いずれも活水高校と、広島女学院の高校生が被爆者インタビューに関わり、グーグルマップ上にそれを乗せて行ったのは首都大の渡邉研究室の学生です。若者たちの手を経て、新しい形の平和教育のコンテンツが作られたのです。

アメリカ人の友人Katrinaと私が、これにパールハーバー・アーカイブを付け加えることになったいきさつをご紹介しましょう。

米軍基地の街佐世保で私は、米海軍の奥さんに英会話を学び始めて20年を越えました。土曜日の午前中に自宅を訪ね、2時間ほどおしゃべりをする。そのうち朝食まで出されるようになりました。米海軍の奥さんと言っても、アメリカ人だけではなく、カナダ、フランス、フィリピン、キューバ、ポーランドと出身国は様々でした。

Katrinaは彼女自身も米海軍で働いたこともあるアメリカ人です。彼女が夫の転勤でハワイのオアフ島へ異動となり、パールハーバーの真ん中にある島フォード島に住むようになった２０１３年、誘われて遊びに行きました。そこで彼女の住む住宅が１９３６年に建てられ、真珠湾攻撃を見てきた家であることを知りました。おまけに、あの安倍首相とオバマ大統領がアリゾナミュージアムから海に花びらをまいた場所から、３００メートルくらいしか離れていないのです。ということは、日本軍の攻撃の時、その家はどんな状況だったのでしょうか？ノブヒルと呼ばれる19軒の士官住宅は、攻撃当時赤ちゃんから老人までが暮らす普通の家族の住まいでした。日曜日の朝の突然の攻撃に逃げ惑う人々、提督の家の下のダンジョンにみんなで駆け込むのですが、それぞれに恐ろしい体験をしています。Katrinaは、19軒の住宅の人々をインターネットの助けを借りて探し出し、アメリカ本土まで取材に行き、その証言を中心にした本を自費出版しました。7月（都合により2019年中に）原書房から出版予定の私の著書は、それを踏まえたノンフィクションです。私はKatrina宅へ5回訪問して、ノブヒルの住人のようにそこに馴染みました。Katrinaが新しく越してきた住人に攻撃時のことを話す様子を見ながら、ふとパールハーバー・アーカイブを作れないかと思いました。Facebookのメッセンジャーで連絡すると「できますよ」と渡邉先生は即答。1日8時間かけたとして1か月かかったというそれは、パールハーバー75周年の2016年12月7日に全世界に公開されたのです。

ヒロシマ・ナガサキ・沖縄そしてとパールハーバーとアーカイブが作成され、日米の戦争の始まりと終わりがつながったのです。この機会に日本は真珠湾の日を、攻撃を受けた側に合わせて12月7日にすべきでは

Katrinaと私
～真珠湾に面した裏庭にて～
（2016年6月19日）

ないでしょうか？

ちなみに12月7日と8日の微妙な境目に生まれた私は、「戦争の始まりが誕生日なのはねぇ」との母のことばで12月7日生まれで届けられたということです。いずれにしても、私とパールハーバーのつながりは切り離せません。

＊パールハーバー・アーカイブ http://1941.mapping.jp/

〈オススメの１冊〉

『その時ぼくはパールハーバーにいた』
グレアム・ソールズベリー 著
さくま ゆきこ 訳（徳間書店）

理想に描いていた究極の人物交流会

～魅力は飲食しながら交流de自分ブランディング～

横浜市港北図書館長
るるる館長
木下　豊
（他に坂戸、新宿に参加）

私は「つながる・ひろがる・しあわせになる」をモットーに図書館長として2015年4月から横浜の港北図書館でお世話になっている。最近では、その言葉を短くして自分の事を「るるる館長」と呼んでくれる人が全国的に増えている。軽やかで楽しそうな語調がいいと雑誌等でも使われ、自分のブランド力が上がっていると実感している。実はこれら全て、坂口雅樹氏提唱の人物図書館のお蔭なのである。

第8回人物図書館に本役で参加するとともに、第10回記念大会を横浜に誘致し、自ら主催したことで、「るるる館長」は定着したと感じている。正に人物図書館は自分をブランディングしてくれる魔法の出会いの場なのである。

人物図書館との最初の出会いは２０１６年11月19日開催の「第８回人物図書館 in 埼玉まちあるき」。それまでも「まちライブラリー」開設等で種々、教えていただくなど親交を深めていた砂生絵里奈さん（第８回主催者）から、地元埼玉で初開催するのでいかがですかとお誘いを受けた。実は、その時初めて「人物図書館」なるものを知ったのである。

ビブリオバトルのルールで本役を人が行うと聞かされて、しかも最初から個人的にも大好きなお酒を飲みながら、フリーテーマで5分も語れ、２分間の質疑応答がある異業種交流会的なものと聞いて、即答で「あ、行きます。遠くても参加します」と答えていたのを覚えている。

即答した理由は、内容の目新しさ、面白さもあるが、図書館界で力のある人が本役になって集まるに違いない、これは自分のように図書館界にデビューして間もない者にとっては、ネットワークを広げる絶好の機会だ、参加しないと勿体ないイベントだと感じたからである。しかもエントリー氏名も仮名でいいなんて最高だと思った。そこに、私はエントリー演題「図書館生き残り戦略〜

るるる館長」として本役で初デビューした。自分を「るるる館長」と称して表舞台に出してくれたのは、第8回人物図書館が最初であった。

さらに、その会場で第9回開催地は京都と決まっているが、第10回記念大会は会場が決まってないと伺い、これは、横浜で初開催したいと瞬時に思い、開催地に手を挙げたのを覚えている。

しかも、初回場所がフレンチレストランで開催したと伺い、記念大会の場所は港北区の誇るフレンチの名店でしかも港北図書館に近い場所にあり、縁も深い「野菜レストランさいとう」しかないと思ったのである。

そして、2017年6月10日（土）時の記念日に第10回記念人物図書館in横浜は、SNS等の力も借りて全国から力のあるライブラリアン等を

参加者に感動を与えたお祝い特注大ケーキ

現役最後の日のお祝い会でいただいた参加者からのメッセージ入り手作り本

何と25名も集めて大盛況に開催できた。しかもタイミングの良いことに、日頃から大変お世話になっている砂生絵里奈氏の初出版記念も同時に開催できたのである。二つのお祝いを兼ねた特注大ケーキが大ウケしたのを覚えている。

また、全国から集まった様々な方々に港北区のランドマークとも言われる大倉山記念館と大倉精神文化研究所附属図書館なども見てもらえたのは大収穫であった。当然、港北図書館も案内させていただいた。後から考えると、図書館を案内した時の私の話が参加者にはかなり印象的だったらしい。

特に驚いたのが、それから約2か月後、独立系司書教諭の代表格で全国的に著名な山本みづほ氏（第10回大会、本役参加でチャンプ）が、私のその時の話をもとに、月刊誌「学校図書館」２０１７年9月号の日本ランダム図

第10回記念人物図書館 in 横浜　参加者記念写真

書館巡礼Vol.18で、『「るるる館長」は今日も行く！』と題して、私を過分な形で全国に紹介してくれたのである。そこから一気に「るるる館長」が広まった感がある。ブランド力が一気に高まったのである。

しかも、もっと幸いなことに、２０１８年３月31日私の現役最後の日の盛大なお祝い会を主催してくれたメンバーも会場も第10回記念人物図書館に寄るところ大だったのである。思い切って最大のもてなしで開催したことが、最後の最後に自分へのご褒美で返ってきたのである。

「るるる館長」という言葉を定着させてくれたのも、港北の誇る「野菜レストランさいとう」を多くの方々に知ってもらえたのも、現役最後の盛大なお祝い会もこの人物図書館に出会えたお蔭である。人物図書館は全てをブランディングしてくれる夢の交流会なのだ。

〈オススメの１冊〉

『コミュニティとマイクロ・ライブラリー』
マイクロ・ライブラリーサミット実行委員会2015 編
（一般社団法人 まちライブラリー）

はじめての人物図書館参戦および参加記

BICライブラリ
結城　智里

人物図書館、かねてより噂には聞いておりました。そして、おもしろそうだなあ、と思っておりました。そんな２０１７年のある日、主催者の「サカサマ」こと坂口雅樹氏より、人物図書館へのお誘いをいただきました。すぐ参加のお返事をしました。すると、こんどは「バトラー（図書館）として参加しませんか？」というメッセージが。なんと初参加で初参戦ということになります！でも訪れたチャンスはいかなるものであっても無駄にしてはいけないと考え、喜んでお受けしました。これは「はじめての人物図書館」参戦&参加記です。

そんなわけで初参戦の決まった２０１７年６月10日の第10回人物図書館の

開催場所は横浜は菊名の野菜レストランさいとう。14時30分スタートです。

当日は梅雨入りしたにもかかわらず良い天気、雨雲はどこかにいってしまって暑いくらいです。メインイベントの人物図書館の前に大倉精神文化研究所の図書館見学、港北図書館の見学があるので良い天気にほっとしました。大倉精神文化研究所の図書館は素敵な場所ですがなにしろ小高い丘の上にあります。雨だとちょっとへこみそう。図書館めぐりは楽しかったのですが、本題からずれますのでここでは割愛させていただきます。

レストランさいとうに到着し、いよいよ人物図書館のはじまりです。参加者はバトラー5名を含めて総勢25名。

目の前には野菜をふんだんに使ったおいしそうな料理が並んでいますが、こちらはそれどころではありません。2時半をとうにまわっておなかぺこぺこのはずなのに。図書

BICライブラリ

館にならねばなりません。図書館に与えられる持ち時間は5分。私はビジネスライブラリアンの肩書で「のぞいてみよう専門図書館」。私の勤務先であるＢＩＣライブラリと専門図書館についてお話しましました。

ＢＩＣライブラリは機械産業の専門図書館です。専門図書館、という存在はその字面から想像がつく人は多いと思います。なんらかの専門的な本を集めている図書館では？　と。そして「専門的だから自分にはあまり関係ない」「一般の人は使えないのでは？」と考える方も多いと思います。

でも実はＢＩＣライブラリをはじめとして公開している専門図書館は結構多いのです。専門図書館はその多くが、テーマを持っていて、そのテーマに沿った資料収集をしています。その成り立ちも様々で、そうしたことから他では入手できない資料を所蔵していることもあります。図書館用語でいうところの「灰色文献」の宝庫といえます。

日比谷図書文化館の向かい側にある市政会館（日比谷公会堂と同じ建物）には市政専門図書館という専門図書館があります。ここには都市問題や地方自治の資料がたくさんあります。東京だけではなく、全国の都市に関する資料があります。そしてここにはなんと１９４０年の幻のオリンピックの報告書があります。東京オリンピックは開催されなかったけれど、招致から中止までをまとめたものです。めったにみられるものではありません。また平河町、元の赤坂プリンスホテルの近くにある防災専門図書館では自治体の防災計画、航空事故の調査委員会報告書なども所蔵しています。人に害をなすものは災害ととらえ、公害や戦災なども対象としています。

これらの図書館は、どなたでも利用することができるのですが、難点は建物とかたたずまいが立派すぎることです。初めて訪れた人には入りにくい図書館といえます。市政会館などは歴史的建造物です。でも大丈夫、所定の入館手続きをすれば入館できます。そういった意味ではＪＥＴＲＯ《ジェトロ》の図書館もアークヒルズの中にあり、入りにくい図書館ですが、どなたでも利用できる図書館で、多くのビジネスマンが利用しています（残念ながら２０１８年2月末をもって閉館）。

それから今注目を集めている築地市場。ここにも図書館があります。「銀輪文庫」です（この本が出版された時点では豊洲に移転しています）。

これはもともと魚河岸で働く人々に読書の機会を提供する、いわばレクリエーション施設としてスタートしました。ですから小説などもあるのですが、魚類に関する貴重な資料や、築地の地域資料、市場関係の資料などよそではなかなか見ることのできない資料がそろっているのです。

こうして専門図書館を紹介していくと5分はあっという間でした。専門図書館のごくわずかしか紹介できていません。でもみなさんに専門図書館の存在とそこが利用できることを知っていただくという目的の一端ははたせたかな、と思っています。それにとても楽しい時間を過ごせました。

余談ですが、このとき参加賞でいただいたビールを包んであった手ぬぐいの柄はさまざまなポーズをとる小さなパンダを散らしたものでした。とってもかわいらしくて気に入っていたところ、この2日後に、上野動物園にシャンシャンが誕生、「なんてタイムリー」とひとり悦に入っていたのでした。

〈オススメの１冊〉

『オリガ・モリソヴナの反語法』
米原万里 著（集英社）

人物図書館に参加して感じたこと

横浜のとある女子大学図書館
スマイル・ライブラリアン

２０１７年初夏、横浜で開催された人物図書館を訪れてから、私はずっと思いを巡らせている。自分はどんな本になろうかと。

集合場所であるとある駅に降り立った時点で人物図書館はＯＰＥＮしていたのだと思う。それまで図書館系雑誌やＳＮＳ等で名前だけは存じあげていたあの方やこの方が目の前にいた。そういった方々とご一緒できること、ただでさえ興味深いお話しがたくさん伺えそうという期待感と高揚感でいっぱいなところに、オプショナルツアーである大倉山精神文化研究所附属図書館見学、大倉山公園散策、地域の夏祭り（小休憩）、横浜市立港北図書館見学と畳みかける。ここまでで取れ高十分であったが、その後いよいよメインイベントへ。

有機野菜を中心とした滋味溢れるフレンチとワインをいただきながら5冊の本に耳を傾けた。5冊とも個性的で興味深い内容であったが、中でも目が離せなくなったのは、ヴェールを纏って登場した1冊の本で、遠い地での子育て経験、児童図書への熱い想いなどを独特の語り口で語られ、5分間見事に魅了されてしまった。

私が初めて体験した人物図書館は、美味しい料理と飲み物をいただきながら、館種・年齢・性別を問わず集まった個性的な方々とつながり、様々な本に耳を傾ける、知見も人脈も経験も広がる、実りある素敵な図書館であった。

そして私は…である。司書となってからのユニークな経験、子どもの頃大好きだった小さな港町の図書館司書さんのこと、10年後の自分、本や図書館と関わったからこそ出会えた素敵な人達のこと、むしろ本や図書館から離れた話しでも良いかもしれないとすると、切り口は無限大である。

この先、私が本となるかは全く未定であるが、このようなワクワク、命題を与えてくれる人物図書館、サカサマには心から感謝を述べたい。

〈オススメの１冊〉

『あらためて教養とは』
村上 陽一郎 著（新潮文庫刊）

こんにちはの魔法

独立系図書館員
石井　裕子

皆様は自治体に行政情報センターが設置されているのをご存じでしょうか。例えば、東京都には都庁の中に都民情報ルームという場所があります。同様のものが全国各地にあるのですが、私自身も自分が働くまでその存在を知りませんでした。

私は元々広告会社で働いていたのですが、大勢がほしい情報を届けるのではなく、一人一人、その人に合った情報を手渡ししたいとの想いで２０１１年に司書資格を取得しました。しかし図書館はいくら応募してもなしのつぶて。やっとのことで某自治体の情報センターの職を得たのでした。

そのため、正直なところ最初は働きがいを見出せずにいました。

ところで、私の職場は広報部門に所属していたので、①市政情報の提供（冊子の貸出等も含む）②各部署が作成したチラシ類・刊行物の提出先、という機能を持っていました。
①は市民向け、②は職員向けの業務なので、当然職員もよく来るのですが、仕事を始めた頃は、誰が職員で誰がお客様なのか見当がつかず、お客様に「お疲れさまです」と言ってしまうのを避けるため、誰彼かまわず「こんにちは」と声をかけていました。
そして、この声かけをするようになったもう一つの理由は、毎日来られる常連のお客様がおり、「あの方には必ず挨拶するように」と引継ぎを受けていたのです。

けれど、その方だけに挨拶するのも不平等だなと思い、カウンターに来られた方には基本的に全員にこんにちはと声かけするようにしたのでした。

例の常連さんとは、毎日「こんにちは」「じゃあ、またね」の交流から始まりました。この方は毎日いらっしゃっては市への情報開示請求書を書いておられたのですが、私は図書館でないことを逆手に取り、レファレンスの回答の制限(＊1)も無視して請求書の誤字脱字チェックや文章指導などを行っていました。時には世の政治経済のお話にもお付き合いしました。

５年の時間をかけて、この方とは私が風邪を引いて休んだだけでも体調を心配してくれ、あるいは理不尽なクレームを浴びせられた時には擁護してくれるなど、立場を越えるような関係性ができました。また、この方のおかげで、この職場では利用者と係員という関係性ではなく、人間的な関わりをつくろうと心がけるようになりました。

そして、行政情報センターという機能の存在意義も強く感じるようになりました。ここに来れば、なかなか手に入らない行政情報が揃うだけではなく、係員が常駐して行政情報を案内してくれるのだから。

とはいえ、当時実際にその声かけを発するのは1日に5回から10回程度。これではこの場所が自分の給与支払い装置にしかなっていないと感じ、まずは宣伝と市の公式ホームページに利用案内を作ってもらうよう正職員に要請しました。すると「じゃあ自分で作って」と言われて自分で作ることに。

この時学んだのが、公務員には正論で訴えるよりも、「これがないと、こういう苦情が来て、私がこう困る」という懇願の方が訴求するということ。結果として市民に情報が届くなら、要求方法など何でもいいのです。

ちなみにその4年後には同じ論法でお願いし、自分で利用案内パンフレットを作りました。これは常に持ち歩いて興味を持ってくださった方に配っていました。

関わりという点では、お客様かと迷って挨拶していた職員とも徐々につながりができて、時に面白い企画に加えていただくことも。

例えば3年目。市内で活動する市民団体が、市の資源にちなんだ色の折り紙で作った色輪っかつなぎを市内各地で実施し、それを一本にして並べて河川敷にビッグアートを作成するという企画をしているのを、他部署へ異動したA職員のフェイスブック投稿で知り、ブーメランの様に自部署の隣のグループB職員につないでもらい、色輪っかを作るワークショップスペースに閲覧席の一角を提供できることになりました。更にBさんからのお誘いで同

イベント当日は市内各地でつながれた色輪っかが一つに集まった

じ年の秋にはハロウィンの飾り付けもしました。

この二つの企画は願ってもないことでした。何故なら、当時通っていた美容院の美容師さんに、「うちの市は庁舎にかぼちゃのバルーンを乗せるんです」と言ったら絶賛されつつ、「役所はお堅くて偉そうで取っつきにくい」と強く言われていて、一職員として小さなことでも良いからお堅いイメージを覆すような、親しみやすい企画をしたいと思っていたからです。そしてこれらはお客様にも好評でした。

ところで、ハロウィンの飾り付けは職員の間でも話題になったのか、職員たちもわざわざ見に来ていました。そのうちの一人が福祉部局のC職員でした。

Cさんには以前からも、「うちにポスターを貼りましょう」など〝営業〟していたのですが、これをきっかけに本格的に交流が始まり、今まで自分が明るくなかった福祉や支援関係の知識を得られるようになりました。

そしてCさんとつながっていて良かったなと思ったのは5年目です。

その頃、毎週市内のイベントを聞いてくるお客様がいました。

最初はイベント情報を聞いてこられるのですが、段々と話は逸れよもやま話に。

ある時、聞かれたイベントについて情報提供ができず謝ったら「大丈夫。ここから近いから、聞いてくる」と。では、何故私に聞いてくるのか？ 否、この方は話がしたいのだと気づきました。以降、ご指名がかかっては雑談をする日々が続きました。

そんなやりとりが半年ほど続き、段々とその方がサングラスを外してチャーミングなお目元を見せていただけるようになった頃。

ある日、意を決したように、一枚のメモを私に渡しました。

そこには、かなり切実な相談事が書かれていたので、Cさんに相談し、すぐにつなぐべき支援機関の情報提供をしました。

こう書いていると全く司書らしい事をしていないように思われてしまいそうですが、ハード面では司書講習で得た知識を活かし、地道な改善を続けていました。

挙げてみると、まず資料の所蔵リストを作りホームページに公表しました。新着資料リストも毎月更新するようにしました。

書架は整理し、重要施策の冊子は表紙を見せるようにディスプレイしました。

案内表示もデザインを統一しました。もし図書館であれば知的で洗練されたものにすべきでしょうが、役所を親しみやすくしたかった私は敢えて、かの美容師さんも来てくれそうなポップな体裁にしました。だって、みんなに来てもらえなければ、意味がないのだから。

またハロウィンや工場夜景など、市のＰＲになるものは展示してみたり、館内美化に努めました。

職場改革が終わる頃には、沢山のお客様から、「雰囲気変わったね」「明るくなったね」とお声をいただけましたし、来館者数も伸びていきました。問い合わせカウンターに列が出来ることもしばしば発生するようになりました。

ただし、やはり一番効果があったことは人と向き合う対応をしたことでした。5年間、職場の特性もあり、本の中に根拠を見つける作業よりも、すぐに人に聞き、外へつなげることばかりしてしまっていました。

来られる市民の方々に対しても、情報支援というよりも人間的に踏み込んだ対応をしていました。

しかし、だからこそできたことも沢山あった気がします。

最後に、この職場は数年後建て替わる新しい本庁舎にお引っ越しすることになりました。

真相は〝たまたま〟だったのかもしれませんが、新庁舎に入れてもらえることになった理由の何パーセントかは、活気づいていく情報センターの様子をみて、担当部署の職員もにぎわいを呼べる見込みがあると思ってくれたのだろうと勝手に思っています。

そして、この計画は市民らの有識者会議を経て決定したのでした。それは何より、市民の皆様がこの職場の存在意義を認めてくださったということでしょう。

（＊1）レファレンスの回答の制限とは

レファレンス（調べもの相談）において、司書は人生相談や、健康、法律相談など他に資格を要するような相談には乗ってはいけない。また、調べものの調査をするのであって、答えそのものを回答してはならない。

〈オススメの１冊〉

『Presents』
角田光代 著　松尾たいこ 絵（双葉社）

⑪ 東京都新宿区

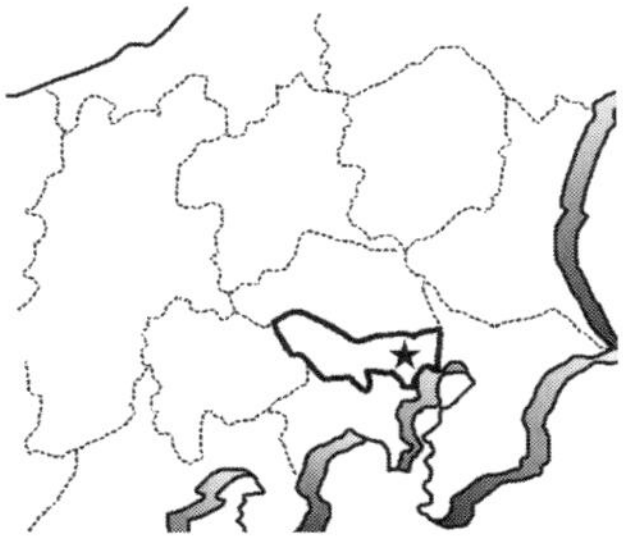

⑪ 東京都新宿区

開催年月日　2018 年 3 月 2 日

開催会場　ビーガン・ベジタリアンレストラン　アインソフ・ジャーニー新宿店

参加者数　24 人

参加者種別　学校図書館員　公共図書館員　大学図書館員　学校教員　大学教員　大学職員　団体職員　出版者

＊チャンプは「本とアートと対話をとおした出会いの場の提供」を語った田中肇氏であった。

高齢者と図書館
～茶話会物語～

小金井市立図書館貫井北分室
田中　肇

このところ4回連続でイベントの会場に迷い、今夜も駅から会場までわずか10分の距離にも関わらず、1時間もかかってしまい…。まさに最近話題の認知症を意識しつつ、高齢者と図書館についても考えさせられる今日この頃の私のエピソードです。

さて、図書館サービスでポピュラーなのが、子どもへの読み聞かせ、YAサービス、そしてハンディキャップサービスがあげられますが、意外に一般の方へのサービスが少ないのです。特に高齢者サービスは、大活字本や寝たきりの方への宅配サービスなどがあげられますが、これはハンディキャップサービスのカテゴリーになり、特色ある高齢者サービスというものはほとんど見受けられません。

本日の人物図書館は、茶話会物語との副題をつけさせていただいています。これは、私が勤めている図書館のイベントのひとつで「ぬくきた茶話会」と名付けられて、まさに茶話会のように参加者とコーヒーを飲みながら、前半はお薦めの本やアートを紹介していただき、後半はそこから「対話」のテーマを生み出し、みんなで「対話を愉しむ」という試みです。都内だけでも50団体近くが活動している、いわゆる「哲学カフェ」のスタイルに本とアートを加味した企画です。毎月第1水曜日の午後に開催し、ご持参いただいた自宅の花、懐かしい昔の本や工芸品、参加者制作のアートを愛でながら、お薦めの本などを楽しみながらの対話も加味した中身の濃い3

参加者のみなさまと。会場もライブ感たっぷり
（第25回ぬくきた茶話会2018年8月1日）

時間です。この12月、順調に第30回を迎えることができました。

さて気になる参加者層ですが、特に高齢者の方を対象としているわけではなかったのですが、平日の昼間開催ということもありほとんどが60代後半以上の高齢者が多くなっています。定員は9人程度とし、毎回、ほぼ満席となっています。参加理由や評判は、「年金暮らしなのでお金をあまり使えない」、「足腰が悪くて出かけられないが、このイベントだけはバスを利用して頑張ってきている」、「美術館などのイベントを紹介できるので、美術館に行く励みになる」、「批判されずに意見が述べられるのが楽しい」、「いろんな考え方を知ることができる」、「新しい人と出会える」そして「長年、小金井市に住んでいるが初めて市とつながった気がした」、「老後の私への素敵なプレゼント」、「様々な企画にチャレンジしているので、ぬくきたファンになった」という嬉しい感想もいただいています。また、ここで参加者が出会いつながって、ご自身たちで哲学カフェや読書会を開催するという流れもできています。まさに、図書館からアクティブな人生がスタートしています。

実はこのイベントの前身は、第1回コラーニング（公開会議）がこの「人物図書館」の発案者である坂口先生の在職していた明治大学和泉図書館でスタートし、栄えある第2回会場が図書館貫井北分室となったことからです。読書会とコラボしたこともあって多くのご参加がありました。そして、この経験を活かしての引き続きのイベントとして、名称をちょっと難しいコラーニングから巷で流行りの対話カフェと変えて新スタートしました。対話カフェを始めるにあたっては、地元老舗の哲学カフェに坂口先生とともに参加して初体験をしました。

こうした経緯・経験から、図書館貫井北分室オリジナルの対話カフェ第1回をスタートし、テーマには「あなたにとって結婚とは？」を掲げ多くの方にご参加いただきました。その後は、科学をテーマとしたサイエンス・カフェも織り交ぜながら、日本中に衝撃を与えた「相模原事件」から想起されたテーマによる大規模な哲学対話なども実施してきました。

ただこれらのイベントは土日の不定期開催となってしまい、平日の比較的会議室が空いている時間帯に、定期開催でじっくりやってみたらどうかと考え、対話カフェよりも気軽な雰囲気ということで「ぬくきた茶話会」とネーミングをつけてみました。そして平成28年8月から平日の月1回の定例イベントとして、現在の茶話会スタイルとして展開してきています。会場は貫井北分室だけでなく、これまで東京学芸大学や立教大学にも学生を対象に特別出展していきます。

毎回テーマをその場で生み出していますが、テーマの生み出し方は、前半の本やアートの紹介などから心に残ったワードやフレーズをそれぞれ紙に書いていただき、なぜそれを選んだのかの補足説明をしていただいた後に、参加者全員で後半の対話のテーマを選出します。多様な場合もあれば、重なる場合もあり様々ですが、特徴的なのは、数が多いものが必ずしも選ばれないということです。その日、その場、参加者の思いによって決定します。

テーマの一例として、「私が未来に残すものは？」、「あなたにとって美しい図書館とは？」、「理想の生活とは？」、「自分の感性を信じて良いのか？」、「継続は力なり　ひたすらに続けることで花開く」、「廃墟ってなんだろう？」など多彩です。2月のテーマは「こどもと大人の境界とは？」とまさに哲学テーマとなり、「私たちは、実はいつまでも子どもではないのか。そして必要に応じて大人を演じているのではないか？」という興味深い意見がありました。

振り返ると第1回は参加者がお一人だけでスタートし、その時に紹介された本は長田弘さんの詩集でした。行間の多い詩集から、「あなたにとって間とは？」という初のテーマが生み出されました。じっくりと詩の情景を味わいながら、沈む夕陽が美しいと感じる時間が流れました。今では、当初は2時間の開催であったところを、対話する時間の確保のために3時間へと延長し、リピーターの多い人気イベントとなっています。私も一緒に作品の紹介をさせていただき楽しんで、同時にファシリテーターとしてテーマの生み出しから対話までを見守っています。

「ぬくきた茶話会」は、高齢者がこれまで歩んできた人生で培ってきた経験や知識を活用し、思いがけない気づきと人との出会いを生み出す場として親しまれています。特に本だけでなくアートを加えたことでより深みがましているなと感じています。参加者の皆さんが実際に制作された作品、ご覧になった展覧会のチラシや図録、旅行先で手に入れた土産物、家に眠っていたお宝、こどもの頃に使っていたメモリアルなもの、手作りの和菓子などなど幅広くエピソードとともに紹介され、それに呼応して話題が広がっていきます。そしてその交流にもまれて対話のテーマが誕生します。

図書館貫井北分室が提供しているこうした「紹介・鑑賞・対話・交流」の場は、高齢者もクリエーター&コミュニケーターとなり、孤立を防ぎ、認知症予防にもつながっていきます。視察に来られて早速開催を始めた図書館もあり、嬉しいかぎりです。

私も地元で読書会や対話カフェなどの活動をしていますが、こちらは幅広い年代層の方にご参加いただいています。今後は行政と連携して、地域高齢者を対象とした活動へとつなげていくことで、引きこもりを防ぎ、人との交流を図る場としてソーシャルワーク活動的に提供していきたいと考えています。

「人はみな一冊の本」であるというナラティブ思考から誕生した「人物図書館」。発案者の坂口先生の求引力で生まれたこの本が、図書館への志しを抱いた方々への熱いエールとなることを願っています。

〈オススメの1冊〉

『丘の上の修道院 ル・コルビュジエ 最後の風景』
范 毅舜 著 写真, 田村 広子 訳（六耀社）

失敗しない？「人物図書館」の発表マニュアル

埼玉県立飯能高等学校
主任司書
湯川　康宏

1　マニュアル人間

周りから言われたことはないが、自分はどちらかといえば、いわゆる「マニュアル人間」なのだと思っている。

とにかく物覚えが悪いので、以前にやったことを覚えていられない。来年の今頃は、今の自分とは別人になっているので、記憶の整合性を保つには後で思い出せるように記録を残してその日に何をしたか振り返れるようにするしかない。そのため、自分専用の作業マニュアルや覚書を作ったりしている。その習慣は褒めてやってもよいだろう、しかし、書いた自分と読んでいる自分が別人になっているので、いざその時になってみると前に書いたマニュアルの意味が理解できなかったりする。「ちょっと何言ってるかわかんないんですけど」状態で困ったものだ。

厄介なことに、マニュアル好きなのに、他の人と持ち物や行動が被るのは嫌だという性癖も持ち合わせている。自家用車の車種や色、時計、服装、食べ物など、流行という言葉に馴染めない。15年間同じ車、同じ時計、同じ服で好物も変わらない。もちろん行列に並ぶことなど超絶大嫌いだ。流行の本を扱う職種なのに、なんという不向きな性格なのだろう。

図書館サービスでもしかり、どこでもやっていることには魅力を感じないので自分流でなければやる気が起きない。つまり、マニュアル命のくせに、マニュアルのないことばかりしている自己矛盾でおめでたい奴ということになる。業務においてもしかり、例えば県立図書館のカウンターワークのように、同じ業務を分担して処理するのが苦手という不幸という性格だ。

2　人物図書館の発表者用マニュアル

そんなこともあって、今は県立図書館を離れて学校図書館で仕事をしているのだが、ある日、サカサマ（坂口さんの愛称）から、噂に聞く「人物図書館」のご案内をいただく。なんと初参加にもかかわらず発表者にならないかとのお誘いである。

舞い上がり、咄嗟に「はい、喜んで！」と居酒屋の兄ちゃんみたいな返答をしてしまう。が、まてよ、人物図書館といえば図書館界の梁山泊みたいなイメージしかない。そんなところでいきなり発表だなんて、考えてみると恐ろしいチャレンジである。

サカサマいわく、人物図書館とは簡単にいうと「ビブリオバトルの本を人間がするだけ」だそうだ。「自分が本だから本は駄目だけどそれ以外なら何でも持ち込み可、発表時間は5分間」なのだとか。なるほど、

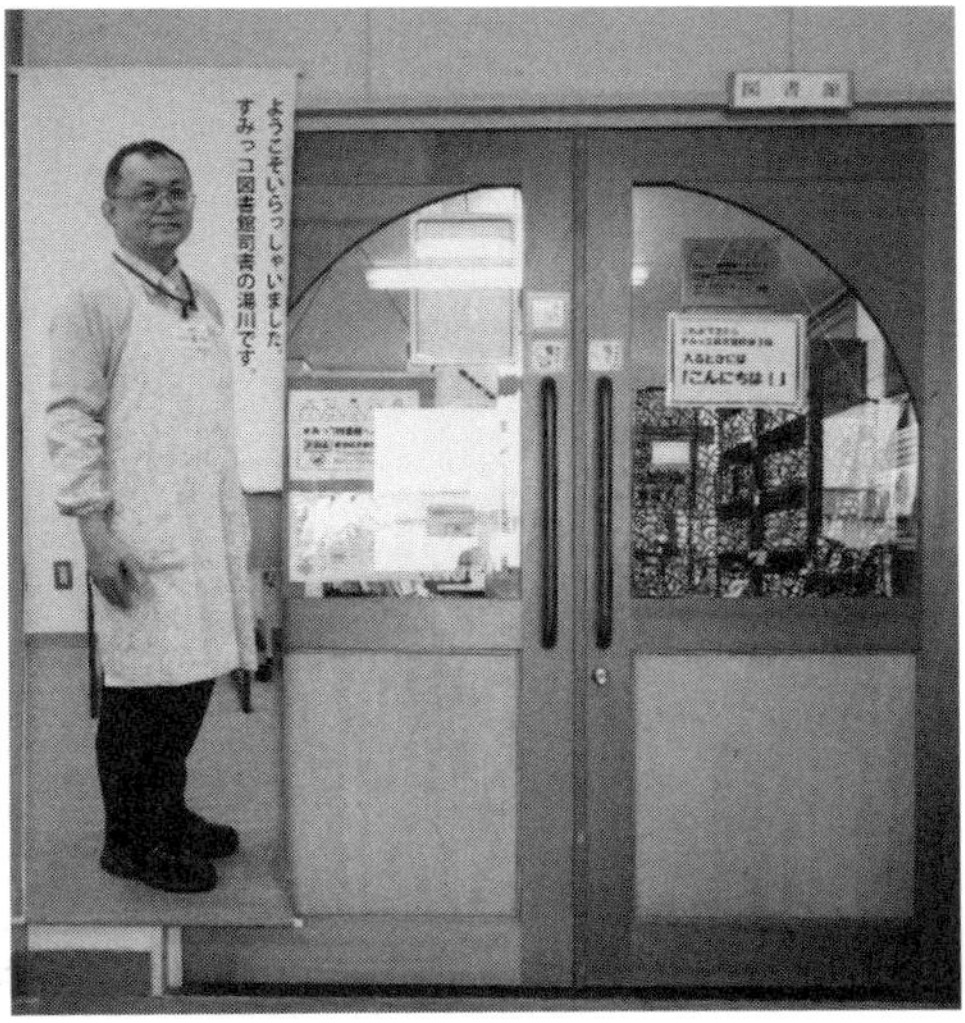

すみっコ図書館主任司書

決まった発表の仕方などないということか。無論、私が愛する「マニュアル」などあるはずもないという絶望が押し寄せる。

3　発表の準備をする

では、言いたいことを5分にまとめるのにはどうすればよいのだろう。司書生活の略歴なんぞ披露したところで、結婚式のスピーチのダメなやつみたいになってしまうこと請け合いである。ではどうすれば……。

悩んだ末に参考にしたのが、某テレビ局の「ア○トーク」みたいな番組でやっている、フリップを使って企画を紹介する手法だ。発表のテーマは「すみっコ図書館ができるまで」として自分の作った学校図書館の特色をアピールしてみよう。ニックネームはサカサマに命名してもらった「限りなく黒に近い出版社社長」でゆく。サービスを紹介するフリップを作り、裏面に発表の流れをメモする。コスプレもOKなので衣装も準備して5分間で発表できるように練習を重ねる。6分の壁が破れず、発表原稿を手直しし、挑戦すること10回にならんとするあたりでなんとか5分ジャストで話せるように仕上がった。うーん、何という達成感、いざ本番へ！

4　人物図書館が教えてくれたもの

発表当日、前の順番の方々の発表が始まる。お二人とも原稿もないのに頭の中からメロディが湧いてくるかのようにスラスラと話してゆく。なるほど、肝心なのは発表の巧拙ではなく、自分の信条や想いをいかにして伝えるかということなのか、メモメモ……ってそんなことをしてる場合じゃない！　もう自分の番ではないか。昨日までの練習で積み上げたはずの自信が脳内で崩れる音が聞こえる、策士策に溺れるとはこのことか。

だが、いざ出番になると、高揚感と心地よい緊張の中、口が勝手に動き始める。すみっコ図書館の成り立ちを皮切りに、勝手に館内を5色に塗り、蔵書の2割をリストラ。三流業界紙風図書館新聞を発行するも鳴かず飛ばずで神社を作って神頼み。カフェ・ハンモック・コタツの「三種の神器」導入と、気がつくと発表時間が終わっていた。発表後の質問タイムで何を答えたか全く記憶にないが、とにかく楽しい。自分の想いを熱く語り、その想いの強さに参加者が共感し一体となる。小奇麗にまとめる必要などなく、どうやっても失敗などない。マニュアルのいらない人物図書館、学校でもやってみたくなった。オリンピック種目に正式採用される日も近い……って、ちょっと何言ってるかわかんないんですけど。

〈オススメの１冊〉

『学びを結果に変えるアウトプット大全』
樺沢紫苑 著（サンクチュアリ出版）

東京タワーの留守居役が想う
～どうするどうなる専門図書館～

BICライブラリ
結城　智里

第11回人物図書館。一番最近に開催された人物図書館で2018年3月2日、アインソフ・ジャーニー新宿店というビーガン料理のお店が会場でした。ビーガン料理とは魚、卵、乳製品、はちみつ、すべてを使わないもっとも厳しい菜食だということを初めて知りました。初参加の前回は野菜のレストラン、野菜づいております。

光栄なことに今回もバトラーとして参加することになりました。サカサマからは「昨今の専門図書館事情でも……」ということで、何について話そうかと考え始めたやさき、大事件が起こりました。大事件、といっても世間的にはそれほどではないことです。ただ専門図書館の世界では一大事と言っていい出来事です。２月６日ジェトロ・ビジネスライブラリーの閉館が発表されたのです。ちょうどその日は３月に閉店が決まっているパクチー専門店で飲み会、という楽しい集まりのお誘いを受け、おいしいものをいただき、夜遅くいい気分で帰宅しました。そのとき何げなく開いたメールに「ジェトロ・ビジネスライブラリー閉館」の文字が。はじめはほんとに「何かの見間違い」だと思いました。でもでもそれはやっぱり事実で、２月末に閉館するというお知らせです。告知も突然だけど、閉館も突然すぎる。この時点であと20日あまり。そして何よりも「ジェトロ・ビジネスライブラリーの閉館」が自分の在職中にあるとは想定していなかったので衝撃が大きかったのでした。やはり世の中に絶対はない……。

前置きが長くなってしまいました。そこで今回のテーマは「どうするどうなる専門図書館」としました。ニックネームはサカサマからご提案いただいた「東京タワーの留守居役」です。私の勤めるＢＩＣライブラリは東京タワーの向かい側にありますので。実は専門図書館の存続の危機というものは今起きたことではなく、もうかなり前からいろんなところで兆はあったのです。それが今回のジェトロ・ビジネスライブラリーの閉館によって、はっきりと私たちの目の前に突き付けられたのです。ただこのテーマを５分で語るのは難しいです。でも今専門図書館を語るとしたらこのことを抜きにするわけにはいかないし、みなさんに知ってもらいたいと思いました。

ジェトロ・ビジネスライブラリーは、赤坂のアークヒルズという一等地にありました。場所柄とても敷居が高く感じられましたが、一般に公開していて、３、４年前に見学させていただいてお話を伺ったときには１日に２００人以上の利用者がいるということでした。ＢＩＣライブラリは１月多くて３５０人程度の利用者です。少ない月だとジェトロの１日分の利用者と変わらなくなってしまいます。そして豊富な資料。予算規模が群を抜いているはずです。ただ近年は減少傾向にあったようですが。ＢＩＣライブラリも含めて近隣の専門図書館は「この資料はジェトロがもっているから、うちは買わなくてもいいだろう」と判断していた向きがあるようです。たとえば「Ｗｏｒｌｄ

Ｔｒａｄｅ　Ａｔｌａｓ」という世界各国の貿易統計のデータベース。百数十か国を対象としていますが、非常に高額なものです。これをジェトロでは利用することができました。また海外事務所を通じて集めた資料なども閲覧できました。なによりもジェトロは「ビジネスライブラリー」とビジネスのための図書館をうたっていました。多くの専門図書館はビジネスのため、の図書館ではなく、所蔵資料がビジネスの役に立つ、という感覚があると思います。ジェトロのライブラリーはビジネスのためのライブラリーと位置付けられていました。漠然としたイメージでしたがビジネスの役に立つのであれば図書館はそうやすやすとつぶされないのでは、というものがありました。今回のジェトロ・ビジネスライブラリーの一件でそんな甘いものではないと思い知らされたのです。

では私たちにいまなにができるのか。とにかく存在をアピールする必要があるのではないだろうか、と考えました。２月の初めに市原市の市民大学でＢＩＣライブラリを含め専門図書館の紹介をしたときに、「私は一昨年まで機械振興会館にある事務所に勤務していましたが、図書館（ＢＩＣライブラリのことです）があったとは知りませんでした。」といわれたときは衝撃というより脱力でした。図書館の存在を知られていないということは、そこにしかないか貴重な情報も埋もれてしまっているということになります。

そこでＢＩＣライブラリでは昨年は日比谷図書文化館と協力して講演会を開催しました。今年は５月に学びについてのセミナー（エコノミスト×理学療法士×教師）をはじめとしてセミナーを開催したり、図書館総合展での情報発信を考えています。

情報発信が即図書館存続の大きな力になるかどうかはさておいて、知ってもらう努力、使ってもらう努力をしなければならないと考えています。

下手をすると重くなってしまいそうな話なので、楽しい場をこわさぬよう、人物図書館の力を借りて楽しもう、と思ってお話をさせていただきました。

ちなみに今回もおしゃれな手ぬぐいに包まれた地ビールを参加賞としていただきました。そして偶然にも手ぬぐいの柄が前回と同じでした。かわいくて気に入っているのでうれしい。前にいただいたのは壁に飾っていますので、これはブックカバーにしようかな（手ぬぐいを折りたたんでブックカバーにする方法をネットで見つけたので）。

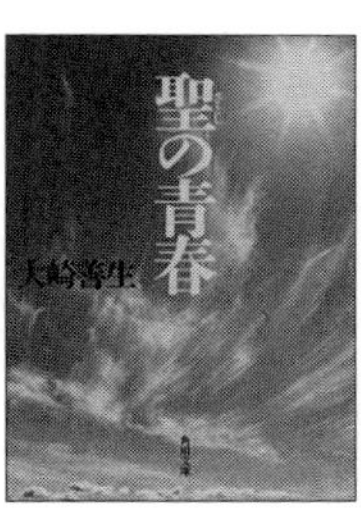

〈オススメの１冊〉

『聖の青春』
大崎善生 著（角川書店）

人物図書館という円いテーブルの末席にて

多摩美術大学 総務部総務課
川邊 幸輔
（他に横浜に参加）

明治大学和泉図書館の施設見学会で坂口事務長が案内役だったのが初対面ですが、その後も旧知の中央大学・梅澤貴典さんが参戦した回をきっかけにビブリオトークバトルに伺ううち、直接、お話をさせていただくようになりました。

更に、サカサマとのご縁は意外なところでつながっておりました。東京都立大学での私の恩師は高山宏先生（ピーター・ニューエル『さかさまさかさ』の翻訳者でもあります！）ですが、首都大学東京の退職後、明治大学教授だったとき（現在は大妻女子大学副学長）、図書委員会でサカサマとご一緒されていたと直近に知って驚きました。

入学して直ぐに、必修の基礎英語の授業初回で衝撃的な邂逅を遂げて以来、熱狂的な教え子の一人として、高山宏先生から甚大な影響を受けて今の私は形作られております。人物図書館との関係で言えば、Piero Camporesi の食と文化に関わる著書や「table／tableau」をめぐる膨大な講義（人物図書館はまさに table talk !）を反射的に連想してしまうという発作が出るわけです。

私は小学四年生から中学・高校の九年間、図書委員を務めるなど、図書館と書籍に淫して育ち（大江健三郎、倉橋由美子、安部公房、高橋和巳、野間宏、埴谷雄高が愛読書と答える嫌な高校生でした）、長じてはまさにボルヘス的、高山宏的な円環の図書館の知的世界と、学費を払うために掛け持ちしたアルバイトに精を出す苦学生としての厳しい現実との往還が大学生の頃の日常でした（東京都立大学図書館で洋書整理アルバイトをしていた頃は、その二つの円が重なった至福の時間でした）。

結局、私自身は司書資格を有していても図書館で働くことが叶わなかった身ですが、大学施設全般という業務上で、建築史に残

或る日の生ハム原木

る伊東豊雄先生設計の図書館新築や中沢新一先生（中央大学から多摩美術大学を経て現在は明治大学教授）が芸術人類学研究所を開設した際の改修といった工事に関わる等、思いがけず得難い経験を重ねてまいりました。

さて、すっかり「本」役の気分で話が脱線してしまいました。

サカサマに様々な大学図書館の見学でお会いするたびに、人物図書館を始められた話を伺いましたが、関東圏で開催される機会がなかなか訪れず、常々殿上人の戯れのように想像していたものでした。それが第10回の横浜、第11回の新宿に参加させていただく機会があり、想像していた以上の体験となりました。

私の体験した人物図書館とは、バトラーのめくるめく「本」を体感し、新鮮な野菜の素材を味わい尽くし、美味なる料理に舌鼓を打ち、美酒を傾けることとほぼ同義です。第10回記念人物図書館 in 横浜は野菜フレンチレストラン、第11回記念人物図書館in新宿はＶＥＧＡＮ料理店（肉・魚・乳製品・卵は非使用）という選び抜かれた会場もその印象を強くします。

人と図書館への愛に溢れるこの会では初対面の方も多く、頭脳も五感もフル駆動して全方位からの刺激を受けつつ咀嚼にいそしむひととき。興味深いのはバトラーである「本」役のお話を聴く「読者」だった方々が、「本」の発表中以外の時間は見事な「本」と化すということです。様々な在り方で「本」に関わって来られて来た老若男女の滋味深いお話を伺うことは、図らずも自分自身が「本」としてページをさらけ出すことにもつながりました。人物図書館について語ることもまた、私という「本」について語ること、そう、今の私のように。

今後とも円環する図書館にはとめどなく続いていていただきたいのです。そして、その円いテーブルの末席に腰掛けさせていただければ幸いです。

〈オススメの１冊〉

『ブック・カーニヴァル』
高山　宏 著（自由国民社）

司書を元気にする魔法
～人物図書館の一側面～

東京都練馬区練馬図書館司書
船津　まゆみ

「人物図書館は船津さんにはうってつけの図書館です」

２０１７年のＤＦＪＩ（認知症フレンドシップ・ジャパン・イニシアチブ）サミットのワークショップでご一緒したのが坂口雅樹さんとの最初の出会いでした。只者ではない存在感に圧倒されつつ、それなのに引き込まれるように同じテーブルに座ってしまったのです。

それ以来数度メールでやり取りをしただけだったので、「人物図書館」に誘われたとき、「どうして私にうってつけとわかるのだろう？」と思ったものです。でもこの疑問は直ぐに解けることになります。

急に決まったらしい東京開催の人物図書館に滑り込めたのは、ご縁があったからと言う他なく、一度だけ会った坂口さんしか知る人のない集まりに出かける気になったのも、会場レストランのビーガン料理への興味をも上回る牽引力が「人物図書館」という言葉の響きと「何者か感」満載の坂口さんにあったからでしょう。

「私の人生はまるで小説のようです」とひとはよく言うものですが、これは何も珍しいことではなく、ひとの人生こそ「物語」で、ひとが語る事柄こそ一冊の本なのだ。そのことを坂口さんは知っていたのでしょう。正確に言えば、司書は皆そのことに気づいていますが、これを「人物図書館」に仕上げたのが坂口さんです。何かを最初に始める、あるいは発見するという仕事はいつもそうして成し遂げられてきたのです。直ぐ解けた疑問のこたえはここにありました。

よくわからないまま、とにかく参加してみた「人物図書館」でしたが、想像していた「同業者交流会」とも、勿論ただの食事会や飲み会とも違う、何か不思議なものが心に残ったのです。ちょうどこの頃見たテレビ番組で、蚕の生態

を知ったのですが、蚕が桑の葉を食べるとき、さんさんさんさん、と音がすると言います。蚕は「さんさん」と音をさせて葉を食べたのち、強く美しい糸に変わる繭を作るのです。糸を吐く前のさんさんが、自分の中で起こっているような気分でした。微かに気持ちがざわついて、落ち着きどころがないとでも言うのでしょうか。

図書館のカウンターでは実にいろいろなことが起こります。特にレファレンスカウンターは「物語」の宝庫と言っても良いでしょう。ひとは目当ての資料や情報を探しにカウンターを訪れますが、自分の疑問の答えどころか、先祖まで探し当ててしまうこともあるほどです。亡くなったご主人が若い時に成し遂げた「仕事」に60年ぶりに出会ったひともいたし、３００年前の先祖が遺した文書が大学図書館に保存されていたひともいました。非識字者の方らしいお年寄りと一緒に子ども用の辞典を引いたこともあります。「もう死にたい」とただ涙を流して帰った女性が元気になって図書館を訪れたときには思わず抱き合ってしまったものです。そんな風に図書館を使わない、ただ本や雑誌を借りて期限内に返すだけのひとにも豊かな「物語」は確かにあり、時々その欠片を見せてもらえるのが司書のささやかな役得です。

「新宿人物図書館」の10日後は東日本大震災の7回目の祈念日でした。たまたまこの日友人と食事をしていて、この友人が出張先の小学校で一夜を明かしたことを知りました。彼女のことをいろいろ知っているつもりだったのに、初めて聞く話でした。そしてこのとき突然思いついたのです。

〝テーマを決めて「人物図書館」を開催してみたい〟

坂口さんに相談すると「それは面白い」「何でも手伝うから」と二つ返事で話は進み、次年度私の所属する公立図書館の連続公開講座で「人物図書館とは何か」（講演）、「人物図書館に参加しよう」（区民参加型イベント）を開催し、坂口さんに講師をお願いできることになりました。テーマは「3・11　あの日あなたはどこで何をしていましたか」に決めました。

私たちは今でも、3月11日が近づくと、あのとき自分がどこで何をしていたか、そしてどんな気持ちでその時を過ごし、その後どんな風に思いが動いたり変わったりしたか、そんなことを自然に話し合うものです。忘れられない出来事をテーマに決めて「人物図書館」で「本」が語ったら、家族や友人たちと話す場合とは様子の異なる新たな化学反応が起こるのではないか。そしてそれは私たちに今までとは別の何かをもたらしてくれるかも知れない。それはこれまでにない、もっと別の価値あるものかも知れないではないか。そんなことに思い至ったのです。

坂口さんはいつも「図書館員を元気にしたい」と言っていますが、司書を元気にしたい、楽しく仕事をしてもらいたい、と言ってくれる人は実はあまりいないのです。司書種族自身も自分たちの「元気」については案外無頓着に生きています。

坂口さんが始めた「人物図書館」こそ、司書が元気になる魔法のひとつなのではないか、と私には思えます。私の「さんさん」がどう実を結ぶか、まだわかりませんが、私も坂口さんのように回りの司書たちを巻き込んで、さんさんと微かな音をたてて、様々な色に変わる糸を生み出して行ければと思っています。そしてその糸を紡いで織り上げた布が図書館カウンターから誰かの手に渡り、どんな品に仕上がるか、確かめたいと思うのです。

〈オススメの１冊〉

『富士日記』
武田百合子 著（中央公論新社）

職業柄のあらわれている質問タイム

図書館総合展運営委員会
事務局長
長沖　竜二

坂口さんにお声かけいただいて先ず頭に浮かんだのは、おそらくこの界隈の方々なら同様に思い浮かぶ方も多かろう「世界は一冊の本」という長田弘さんの詩です。「本でないものはない。世界というのは開かれた本で、その本は見えない言葉で書かれている。／一個の人間は一冊の本なのだ。記憶をなくした老人の表情も、本だ。」というあれです。

「自分を語り聞き手も語る」というイベントは、昨今他にも多々ありますが、人物図書館はそうしたものに似て、ありげに見えるのですが、少し違っていいます。いちばん違うのは、聞き手（読み手）に司書さんがたくさんいるところです。本の扱いに慣れた司書その他の方々が、〝本〟を目の前において読みながら、ああだこうだするという態なのです。面々がそういう物語に乗り会場もそういう空気になっています（一冊読むごとに乾杯するというオフモードではあるが）。定義とは呪文だなぁと、つくづく思います。

さて大量の本に囲まれることを生業にしている人に、司書と編集者がいます。他に、研究者と作家と書店さん等々もいます。ともに本の世界に関わるプロフェッショナルですが、アプローチが違います。それが人物図書館の質問タイムにあらわれているなぁと思うのです（一回しか参加してないのでまだ証明するところまではゆかない）。

司書の方々はいかにも〝本〟にやさしいのです。この〝本〟の全体に対する位置づけを尋ね、他の〝本〟との関係性を訊きます。些細に見えることも尋ねます。クドめに訊きます。質問を受けた側の〝本〟は「お前は何者なんだ？」「どういう関係なんだ？」という質問を立て続けにされているのにニコニコしています。つまり、扱いがやさしいのだと思うのです。そんなですから、帰路には〝本〟と〝司書〟が仲良くなっています。ちなみに、段取りやルールにかかる質問が多い。図書館の「職員さん」だからな。

一方、編集者の方の質問は質問した方が面白がられて、質問された方が気持ちよくなれたらいいじゃないかという態度です。周りの方の盃が進めばさらに良しという態度です。〝本〟が、予定してきた内容以外のことを語りだせば更に良し、です。つまり、目の前にしているのは、〝本〟ではなくて、校正ゲラであったり、改訂原本だったりという考えです。

作家さんだったらどんな質問をするでしょう? 作家さんにとっては本そのものが生産財だからな。〝本〟が〝本〟を生むのです。研究者さんだったら、どうでしょう?「あなたは本ではなくて人ですよ」って言うかな? 周りのひとが「あのひとは、何が目的であ あいう質問してるんだろう」てことを尋ねるだろうな。書店さんだったら? 〝本〟は売り物だし。質問しないで、POP作ってくれたりするかも。辛口書評家は?……来るな!

人物図書館は、参加者がそのメタファーに意識的に乗ってこ

人物図書館新宿会場　アインソフ・ジャーニー新宿店前にて

られるかどうかがキモです。いまは坂口さんが繰り出す〝魔法〟によって、皆が物語に引き込まれているわけですが、これがマニュアル化されて、誰でも再現できるようになったら、かなりすごいことになると思います。「熟読したいから」と言って連れて帰ろうとする御仁が続出しないか心配です。

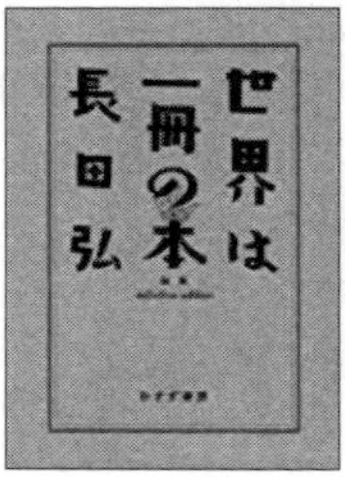

〈オススメの１冊〉

「世界は一冊の本」
長田　弘 著（みすず書房）

学校図書館の面白さ

東京都立町田総合高校
千田　つばさ

なんだか面白そうだと気になっていた人物図書館に、タイミングよく参加できることになりました。「本」役も空きがあるということで、話をする側として参加しました。

学校司書として仕事をしていて、日々面白いことに出会います。学校図書館は、比較的長いスパンで利用者と接します。人の成長の過程を見ることができる時もあります。そんな学校図書館の面白さが伝わるといいなと思って話題を選びました。「にぎやかな学校図書館」というタイトルをつけて、学校図書館の日常をご紹介しました。

例えば、課題で本を読まなくてはならない生徒がやってくることがあります。その日来たのは、図書館にはよく来ていたものの、本を読んでこなかった生徒です。顔なじみだったこともあり、いろいろな話をしながら薦める本を考えます。いくつかお薦めをあげていく中で、その生徒は進学予定の大学の学部に関連した、スポーツのドキュメンタリーを選びました。それでも読むことができるか不安そうにしていたので、その生徒が興味を持っている職業の人が出てくる章の始めと終わりにふせんをつけて、ここだけでも読んでごらんと貸し出しました。数日後「あの部分は読めたよ。もうちょっと読んでみる」と言ってくれました。後日、一冊読めたと嬉しそうに本を返しに来ました。「本が読める」という自信をつけてくれたのではないかと思います。

学校図書館でイベントをする時もあります。ある日、軽音楽部の顧問の先生との雑談の中で、人前で発表する機会の少ない、アコースティックのバンドのライブをしよう、ということになりました。当日は、ライブを見に普段はあまり図書館に来ない生徒が来たり、いつも図書館に来ている生徒が本を読みながら音楽を聴いたり、といい空間になっていました。軽音楽部の生徒たちも、回を重ねるごとに人前での発表に慣れ、上手になっていきました。軽音楽部の生徒が図書館に親しみを持ってくれて普段の利用が増えたり、合唱部もライブをしたいと申し出があったり、という思わぬ副産物もありました。

学校図書館は、授業に関わることも多いです。事前に打ち合わせをし、授業のねらいに合わせて対応を決めます。ある時、これまで授業で調べ学習をしたことがないけれどやってみたい、という先生が相談にいらっしゃいました。先生のねらいを聞きながら、過去の授業の記録やプリントをお見せして計画段階からサポートしました。授業では、生徒たちは様々な資料を見て、グループで相談しながら考え、深めてまとめていく様子が見られました。生徒だけでなく、先生にも成功体験を持ってもらえたのではないかなと思います。

校内だけでなく、校外の人に学校図書館を公開して紹介する「東京・学校図書館スタンプラリー」を行っています。このイベントは、夏休み中に受験生である小・中学生、地

夏休み前には、「夏の本」と題して図書委員の生徒が書いた、おすすめ本のPOPを展示しています

域の方、学校図書館に興味のある方に学校図書館を公開するもので、２０１７年で６回目になり、31校が参加しました。勤務校では、図書委員の生徒が来館者に図書館案内をしたり、和綴じ本の作り方を教えたりしました。生徒にとっても、校外の大人や子どもと接し、色々な話をする、貴重な機会になりました。このように、学校図書館に学校司書がいることで、色々な本や人との出会いを作り、学校図書館がにぎやかに、カラフルになります。

「本」として発表したことで、交流が深まりました。たくさん質問もいただき、学校図書館が楽しそうだと声をかけていただきました。プレゼンや、自己紹介のスピーチをするのとはまた違う「人物図書館」の体験は、本を読み浸るように、「本」役のお話しに浸る体験だったのかなと思いました。

〈オススメの１冊〉

「学校図書館の司書が選ぶ小中高生におすすめの本300」
東京・学校図書館スタンプラリー実行委員会編著（ぺりかん社）

「カオス」としての人物図書館

東京都内公立図書館勤務司書
野村　健

「サカサマ」こと坂口雅樹氏のお名前はしばらく前から存じ上げていたし、人物図書館が各地で開館されていることもFacebook上の投稿を通して知ってはいた。いつかは参加したいと思いつつも自身の都合がなかなか合わずに延び延びになり、先日（2018年3月）に東京初開催となった第11回の集まりの際にようやくのことで参加がかなった次第である。

この稿を執筆しているのはそれから3か月ほど経っているが、その時の印象はまだ鮮やかに残っている。会のスタート時こそ、リラックスした雰囲気でありつつもまだ「波平らかにして」という感じであった。しかし前半のバトラーお三方の発表を機に、雰囲気が変わったように思う。発表に触発されたのかそれぞれのテーブル内での会話が活発になり、コミュニケーションが膨らんでいき、食事とアルコールが進むにつれて膨らみはどんどん大きくなって離れた席の人まで包み込み、最後の方はほとんどカオス状態となったのである。これには正直圧倒された。しかしカオスといっても、ただ巻き込まれて何が何だかわからないうちに終わってしまったのではなく、自分もその中に参加してしっかりとした手ごたえを得たという感触はある。

自分がそのとき得たものは何だったのだろう。難しいけれどもあえて文字にしてみれば、自分も「図書館」という歴史と大きな可能性をもった空間を共有する一人であることを再確認できたこと。そして、自分自身にも図書館にかかわる一人としてまだ大きな可能性があるのではないかと―錯覚かもしれないが―思わせてくれたこと。未熟さの反省だけではなくこれから何ができるかという前向きな気持ちを持てたこと。その他諸々のエネルギー。そういったものだったように思う。あの日のカオスというのは、混沌としているばかりではなく、活発で多様な思いを内在し、巻き込まれた人間にエネルギーを与えてくれるものだったように思う。

今にして思えば、当日の流れからすればカオス状態になるのは必然的だったと言えるかも知れない。バトラーの方たちの発表は、事例報告という枠には収まらない、図書館を自分はどうしたいのか、どのような存在であってほしいのか、何ができるのか、そのような思いを伝えようとしていた。「ひとはだれでも一冊の本である」という館長の言葉にならって言えば、専門書や実用書ではなく、文学作品の語り口に近いものを感じたと言えばいいのだろうか。だからこそ発表に触発されて、集ったひとそれぞれが活発に自分の思いを話し始めたのだろう。皆さんの語り口からも、一人ひとりが図書館のことを「仕事」を飛び越えた大きな愛情や可能性を強く感じておられることが伝わった。変な言い方だが、「仕事」の会話をしたという感覚は自分にはない。確かに図書館の話はしたが、それは「図書館」の話であって「仕事」の話ではない、という感覚なのである。

皆が「読者」としてひとの話に耳を傾けるだけではなく、「著者」

として自分の思いも他者に伝え、自由に語り合ううちに雰囲気が高まり、共感度は大きくなっていった。並立していった色々な思い、その一つ一つが、他者を打ち消すためではなく高めるためのエネルギーになっていったのは確かだと思う。だからこそ、カオスとなってもただ楽しかったというだけではなく、強い手ごたえが残ったのだろうと思う。そしてこのカオスこそが人物図書館の魅力そのものと言っていいだろう。

これからも時間の許す限り人物図書館に参加したいと思う。そして、またあの時のような「カオス」の中に身を投じたいものだと思う。できるだけ多くの「蔵書」の方々とお会いできるのを楽しみにしている。

〈オススメの１冊〉

「情報便利屋の日記：専門図書館への誘い」
村橋 勝子 著（樹村房）

人が本になる

ひきふね図書館パートナーズ
鈴木　佳

「人が本になるんだよ」

初めて人物図書館の話を聞いたとき、「そうか〜！　そうだな〜！　どんな人にも経験と知恵が詰まってて、それはきっと一冊の本みたいに、誰かのためになるはずだもの。おもしろい企画だな。行ってみたいなぁ」と、思ったことを覚えている。

私は本が好きで、図書館も好きだ。

ぐるぐると本棚を巡りながら、「いつもの」や「意外な」本と出会う。本を読むことで、自分と違う誰かの人生や経験をひととき体験する。自分の人生には起こりえないような出来事や経験や情報に、びっくりしたり、楽しんだり、学んだり。

自分の人生を振り返るような、未来を見るような出来事や経験に、深く頷いたり、涙したり、喜んだり。

普通の本に語りかけても、答えは返ってこないけれど、人物図書館の「本」に、語りかけると、答えが返ってくる。

普通の本はひとりで読んで考えることが多いけれども、人物図書館の「本」は参加者みんなで読む（？）ので、「本（人）」を囲んで一緒に読んだ人と語り合える。本を読んだ楽しさや喜び、わくわくする感じを共有できて、会話も弾む。参加者みんなの距離がぐっと近くなって、素敵な出会いがたくさん生まれる。

人と人が出会うとき、そこには光が生まれるように思う。

何かと何かがぶつかるときに生まれる摩擦熱のようなものなのか。

明るかったり、雷のようだったり、やわらかかったり、硬かったり、青色だったり、金色だったり。

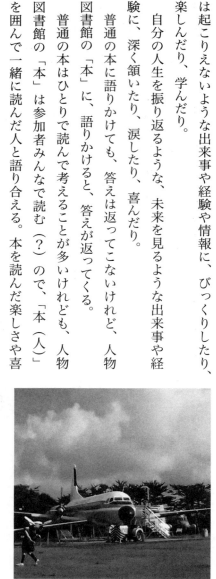

私は、この光にとても心惹かれる。

きっとその光に、生きることの「さいわい」のようなもの、出会いが生む「何か」を感じるからだろうと思う。

人物図書館では、「本」を読みながら、語り合いながら、何度も乾杯をする。

新たな出会いを楽しむように、喜ぶように、祝うように。

乾杯するたびに光の波が生まれるようで、キラキラとまぶしくて、嬉しくなる。

たくさんの笑顔と、出会いがもたらす光と、アルコールに、存分に酔う。

こんなに楽しい時間はないと思う。

独立系司書さん厳選の素敵な「本」に出会う喜びを求めて。

喜びと楽しさに満ちたたくさんの人との出会いを求めて。

そして出会いの光の波を見に。

また人物図書館に行こうと思う。

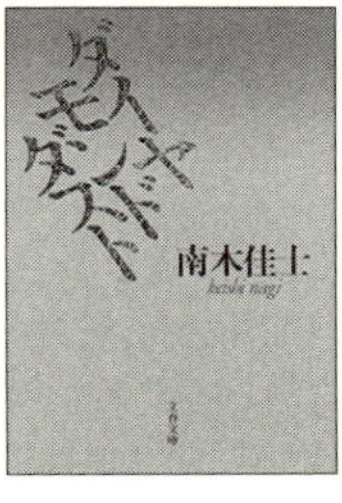

〈オススメの１冊〉

「ダイヤモンドダスト」
南木 佳士 著（文春文庫）

今宵扉は開かれる

ライブラリアン
今井 つかさ

みなさんは人物図書館を知っていますか？ サカサマこと坂口雅樹さんが館長のあの図書館です。特定の場所はないのですが時が満ちたら開かれるのです。今回は11回目の人物図書館が新宿で開館されるとの噂が流れてきました。申し込みをし、当日いそいそとお出かけ。前回タイミングが合わずのがしてしまったこともあり、わくわくします。

辿り着いたのは、入口にグリーンがたっぷりとのびやかに生い茂るコンクリート打ちっぱなしのヴィーガンレストラン。細いドアを抜け地下へ進むと雰囲気が変わり白い壁の階段。そして白い壁の空間には青い鳥のシーリングがゆらゆら。柔らかいあかりの下、木目のテーブルが右に二つ左に三つ。席は全部で20席ぐらいだろうか？ 地下のフロアは貸切りのようである。「なるべく初めて会った人と同じテーブルに着いてくださいね」と司会者が言った。

初めましての方が多そうな左手前のテーブルに着席。それぞれの席が決まると司会者が「こんばんは人物図書館へようこそ。みなさん揃いましたのでルールを説明します。「本」の人が5分話をします。その後質問タイムがあります。質問タイムが終わったら、乾杯です。今日は5人の「本」の方がいるので5回繰り返します。最後に聞いていた「読者」の人はいちばんよかったと思う「本」に投票しチャンプを決めます。では始めますよ」と言った。

どんな本があるのかな？ と配られたプログラムを確認すると……。

人物図書館新宿会場
自分が「ミニ本中」

☆東京タワーの留守居役
☆運命を切り開く司書教諭
☆限りなく黒に近い新聞社社長
☆Ｈａｒｕ Ｔａｎａｋａ
☆コウノトリ司書

「どうする、どうなるビジネスライブラリー」
「なぜ今、図書館にファブスペースか」
「すみっコ図書館ができるまで」
「高齢者と図書館：茶話会物語」
「賑やかな学校図書館」

むふむふ、いろいろあるぞ。ファブスペースって何となくはわかるような気がするけどやっぱりよくわかってないのだよな。すみっコ図書館ってなんだ？茶話会はどんな話題なのかな？といろいろな思いがよぎる。さあ、はじまりはじまり。５分は自分が話すとなると長そうだが聞いている分にはあっという間である。しかも「本」の皆さんが口を揃えて「時間が足りない」と言う。そして最後に乾杯。何回も乾杯するのが楽しい。おいしいお料理を食べつついろいろな「本」を楽しむ。それにしてもどの「本」もとても素敵だった。お仕事で心がけている素敵な点がわかったり、ファブラボがグンと身近に感じるようになったり、限りなく黒いってここまで自由にしていいの!? ってビックリしたり、魔法つかえるなんていいなって思ったり。この図書館の本は正に語りかけてくるのである。

その後は「読者」も自分のことを90秒で話す。この場合は「ミニ本」だろうか？「えほん」かもしれないし「冊子」かもしれない。どれがいちばんしっくりくるだろうか？ どの「ミニ本」もいろいろなものがたりがある。続編を！ と思うものも少なくない。私のテーマは「寄り添う」で魔法をかけてみた。司会者が「最後は交流タイムです」と言った。さあ困ったぞ。誰とおはなししようか？だって、どなたともおはなししたいのだ。どの「本」もどの「ミニ本」も魅力的なのだ。この求心力はなんだろう？ とにかくエネルギーがぶわっと盛り上がる不思議な空間だった。鮮烈な余韻を残しつつ人物図書館は閉館した。現実世界に戻ってもまだあの求心力はなんだったのか答えが出ない。また人物図書館を訪れてこの秘密を探る必要がありそうである。

〈オススメの１冊〉

「料理歳時記」
辰巳浜子 著（中央公論新社）

⑫
番外編

常春の駄洒落図書館

独立系図書館員
ダジャレスキー

ひゅおうう～（風の音）…ここは網走番外編。

外は寒風吹きすさべど、一歩、足を踏み入れたら、常春の陽だまり。駄洒落図書館にようこそ。

私は、だじゃれ司書と仮に名乗るといたしましょう。図書館の指先案内人…カタカタカタ（キーボードを叩く音）…え？ ちょっと蔵書検索を…あら？ 静かになりましたね。

いいんです。駄洒落は秘めやかなもの。クスリと笑うくらいの方が似合うし、じわりと効くのです。ひそかに行う方が良いとは、まるで善行のよう。お気づきですか？　駄洒落と図書館は、似ています。それぞれの目的に合わせて楽しめますし、お金もかかりませぬ。なによりも、どちらも誰にでも開かれているのです…カタコトカタコト（心が揺れる音）…では、口先案内もいたしましょう。ひそやかな戯言を繰り出す、ささやかな日々の繰り返しで、私は幸せでした。そう、あの時、公式フェイスブックでコラムを書くことになるまでは。立候補制、図書館に親しみを持ってもらえればと手を挙げました。もちろん、テーマは駄洒落、なぜか？　私見ですが図書館に親しみを持つ方とは、もともと本に親しむ環境がある方、高じて本好きな方、あるいは、本を生業とする職業の方…くらいではないかと思うのです。本に関心がない方々にも、図書館に親しみを感じてもらえるコンテンツに駄洒落はどうか？　と思ったのです。周囲はそんなことを知らずに「ああ、また（駄洒落を）言っている」くらいにしか思っていないはず。しめしめ。秘めた思いは、秘めたままが良いのです。理由も聞かれず反対もなく、寒さ＆ひそやかさの意味をこめた〝シベリアン・ハスキー・ヴォイス〟というタイトルで、コラム連載は始まりました。

〝こんにちは、ダジャレスキーと申します。寒いところからやってきました。

アナタに秘めやかに囁く、言葉の清涼剤。迷わずGO！ DA JARE！〃で始め、〃LOVE&PEACE. GO！ DA JARE〃で終える、考え抜いた定形文句に、旬の駄洒落を挟みこむサンドイッチ形式を取ることで、いつものあれ感が出ます。図書館ネタ駄洒落も時には所望されますが、修行が足りず応じられないことは、申し訳ございません。浮かんだり浮かばなかったりとは、まさに泡、駄洒落はバブリー。うたかたの日々の中、格段にどうでもいい消えゆくものを真剣に考える意地、そして、ユーモアというものは心を強くいたします。公式ホームページです、こんなこと書いたら、怒られるのではないか？という当初の心配は無用でした…ほぼ、ウケない。わかる人にしかわからず、爆発的には起きないウケ…まさに、駄洒落にはよく似合います。常連の「いいね！」をくださるみなさまからの応援には、冷えた言葉もあたたまり、感謝の気持ちがあふれます。

時は過ぎ。いまでは、勤務館では、ツイッター・フェイスブック等のSNSを積極的に使い、図書館の活動を効果的にお知らせしています。一体どの程度、はたして貢献できたのかすらも、さっぱりわかりませんが、そうであれば私の駄役目は終わっても良いのでしょう。さらに地味さを極める事にいたします。
しかし、駄洒落あふれる日々、培われたのは、周囲（笑）のダジャリテラシーでした。良薬は口にする時は痛し…じんわりと効いていたとは。常春の地に常春の駄洒落図書館誕生！…か？（まさか）。駄洒落力を図書館で活かす方法を探ってみたいと思うようになりました。成長する有機体である図書館で、駄洒落も成長する事があるのか？それは、チャレンジし甲斐のあることだ！と思う同志よ、私と共に目指そう！…ま、そんな事言われても、どうしよう、って感じですねえ。野暮は言わずに野望です。網走もシベリアも、寒い場所…発想が似ています。寒さが似合う駄洒落に、温かな陽光を当ててくださったサカサマに、ただただ、感謝いたします。

〈オススメの１冊〉

「ムーミン谷の冬」
トーベ・ヤンソン 作・絵　山室 静 訳（講談社）

II

たった一人の図書館

自分だけの世界を感じる時がある。鼻を衝く書物の、例えようのない異常な空間が、時を止める。書庫は汚れている。それは数十年にわたって培われてきた土壌である。黄ばんだその汚さは酢の匂いを感じさせるが、作物が朽ちていくのともまた違う。和装本の紙葉をめくると、虫食いの跡が縦横に走っていて、田舎百姓育ちの自分には、人前では言えないが、葉っぱをみているような懐かしい衝動にかられる。苦にはならない。自然の巡りであろう。朽ち果てるべきものはそのように、遺すべきものはまたかくの如き処方を下せばよい。修理製本とはそのようなものである。図書館の蔵書係で、数十万冊の書物と何年も暮らすうちに身についた心の世界である。

言葉を借りれば、書庫は知的な世界である。そう感じたのは、図書館員になって何年か経ってからのことである。それはある書物との出会いにはじまる。友人のアパートの書棚で巡り会った一人の哲学者。戸外が大学紛争の嵐にみまわれていたからこそ衝撃的であったこの人の著作を、私は端から買い集めた。書庫にはもちろんあるにはあった。しかし買いたかった。買うことによって心が満たされた。森有正。名門の生まれである。それはどうでもよいことではない。

彼はこう書き記した。「一つの生涯というものは、その過程を営む、生命の稚い日に、すでに、その本質において、残るところなく、露われているのではないだろうか。僕は現在を反省し、また幼年時代を回顧するとき、そう信ぜざるをえない。この確からしい事柄は、悲痛であると同時に、限りなく慰めに充ちている。君はこのことをどう考えるだろうか」（バビロンの流れのほとりにて、冒頭の一節より）。

〈バビロン……〉は書庫にもある。その前付紙に、森有正の筆跡が遺されていた。「謹呈　佐藤正彰先生」。佐藤氏とは元明治大学文学部教授である。本書がどれたけ世に出ているかは知らないが、佐藤本はこれだけである。私のものはとうに散逸してしまったが、これはけっして朽ち果ててはいけない本であろう。書庫には、駄文、悪文を纏め束ねた書物がある、というのも事実である。なんでもあり、が図書館でありながら、何にも巡り合わない、

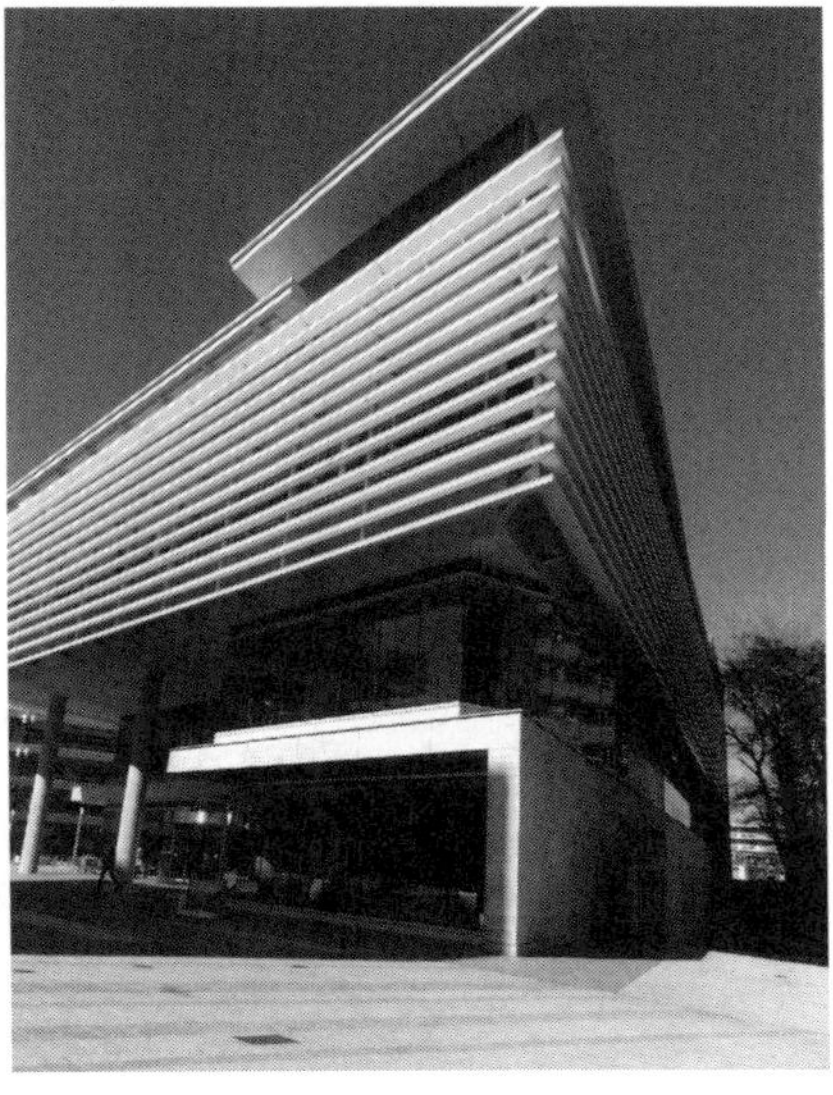

心に凍《し》みとおる何物も感じないとしたら、図書館とは寂しい出会いの場でしかない。三十数年前に東京に出てきて、知識の断片しか掻き集められなかった者が、巨大な図書館で〝蔵書畑〟を耕しながら、いつも立ち帰る心の拠り所を掲げるとしたなら、それは私の中のバビロンでしかない。「たくさんの問題を背負って僕は旅に立つ。この旅は、本当に、いつ果てるともしれない。ただ僕は、稚い日から、僕の中に露われていたであろう僕自身の運命に、自分自ら撞着し、そこに深く立つ日まで、止まらないだろう」（同上）。」

「遥かなノートルダム」を体験したのも、森有正の〈経験〉ということからであった。哲学者のこの言葉の重みが、私を外の世界へ駆り立てた。パリのノートルダム寺院、シャルトルのカテドラル。そこで手にしていたのは、すべて彼の著作であった。「感ぜられてくるということは、対象がそのあらゆる外面的、したがって偶然的なものを剥奪され、内面に向かって透明になってくることであり、それは対象が対象そのものに還ることだ…それを私は感ずるという言葉でしか言い表すことができない。そしてこれが経験の第一歩なのである」（遥かなノートルダム）この〈感ずる〉ということ。おそらくそれは次のステージへの序章であろう。新図書館エントランスホールの銘文は来館者にこう語りかけている。「肝心な点は感動すること、愛すること、望むこと、身ぶるいすること、生きることです」（ロダン）。明治大学図書館の変容した、眩しい風景である。

思索の階段は、いまや古い書庫から、「静寂な閲覧室」へと駆け上がった感じがする。新図書館地下二階の「ロダンルーム」は、私語のない世界である。一階のマルチメディアコーナー、地下一階の多目的ホール、それに地下三階の共同閲覧室。どれも音の世界である。感性豊かな時代に、時として流されることなく、己を見つめなおす内面の深い促しを、たった一人の図書館で経験したい。その場所がロダンルームである。ロダンルームには、もちろんロダンの作品など、一塊もない。あるのはただ、深い海の色に満たされた床面と、そこに整然と並ぶ机。外の景色もまったく視界

に入らないこの部屋で、見えるのは心の動きだけである。ロダンの言葉は、さらにこう付け加えている。「芸術家である前に人であること。」人格さえ時には見えなくしてしまう、〈肩書き〉〈権威〉の世界に辟易した時、この単純、率直な言葉がどれだけ救いになるであろうか。「ロダンの言葉抄」を拾い、外に出て風を受ける。そして再び書物の世界に還っていく。この繰り返しの中で、学問の究極的な目的である、〈人格の形成〉がなされるのではなかろうか。

　森有正は、『城門のかたわらにて』で、ロダンと類似した言葉を発している。「人間として直接的に大切なことは、単に人のしたことを学ぶことではなく、自己の存在の中心に基礎をおく感動をもつことであり、その感動の激しさは時に既存文明破壊の形をとることもありうる。」この破壊と創造。言いかえれば、それは深い〝desolation〟と〝consolation〟に包まれた、図書館の「静寂な閲覧室」に宿っているといえる。

＊初出（「思索の樹海《うみ》」２００１、Ｐ１０３‐１０７（２００１・４・７）明治大学）に加筆修正

III

霧の坂道

思い出すことがある。四国の思い出である。四国の大学図書館員が私のエッセイを読んでいると知った日のことである。駄文でもこの世の中には気の合う珍しい人がいるものだ。それを知ったのは２０１４年の名古屋で開催された私立大学図書館協会研究助成委員会の後の交流会でのことであった。大学図書館員の思索の旅を書き綴った、いくつかの私のエッセイを読んでいる人がいると、たしか四国大学図書館の委員が言った。読んでいるのは女性図書館員だと言う。明治大学図書館紀要「図書の譜」にたびたび載せていた私のエッセイを読んでいる人がいると言われて驚いた。その時、ほんとうですかと言った記憶がある。大学図書館紀要はどの大学でも発行しているものではないので、それが却って大学図書館員の目に留まりやすいのかもしれない。この世の知らないところで読んでくれている人がいると思うと、霧が晴れたようで書いていて良かったと思った。

その翌年に私は定年退職の節目を迎えるのであるが、その前にこの研究助成委員会の会長校の委員から何度も言われた言葉をいま思い出すと、ああそうなのだと感じることがある。その人はこう言った。図書館関係の雑誌論文を読んでも中身が凡庸で面白くない。凡庸な文章ばかりで、どれもこれもつまらない。そこにいくと紀要に載せた私の文章は切り口が面白いので本にまとめて出版してほしい。そう言われたときは、なるほどと頷いてみせた。図書館情報学関係の記事をはじめ、図書館に関する著作をめくって感動した記憶がない凡才の私にはすんなりと受け入れられる言葉であった。しかし凡庸という言い方には図書館情報学を修めた人、あるいは真面目な司書には受け入れがたい誤解を生む。論文調の硬い論文が面白いと思う人もいるであろう。人は皆それぞれ背負っているものが違うからである。立ち位置が違えば興味も異なる。もともと図書館学関係の学部や学科とは無縁な私であったから、図書館業界関係の記事を読んで引き込まれて反芻して読みたい思ったことは記憶にない。仕事だから読む。ただそれだけであったし、今もそうである。図書館巡りや読書案内が出版されてはいるが、他人が経験したことを読んでもとくに心が動かされることはない。ただそれが人の内面に迫る、内省的な文章であれば話は別である。人間の内面を奥深く見つめた逍遥記には心が動かされる。そこに言葉としての図書館の文字が無くても良い。肝心なのは図書館というものの中で見えないものをどう捉えるか、そこに立ち現れる経験ということをどう定義づけるかを私は20歳代の時から今まで、思索の樹海の中で対話し続けてきた。見えるものではなく見えないものにこそ真実が宿っている。行き惑う人々の群れに私がいる。そして答えのない世界でどうやって生きていくかが人生そのものであり、そこには霧がかかることもあれば、霧が晴れて一筋の光が差し込むこともある。そういう世界を図書館が持っているとしたら、ここで働いていたことに感謝するとしか言いようがない。前に戻るが、図書館関係の記事を仕事だから読むのと面白いから読むのとでは雲泥の差がある。関心の軸が違うからであろう。私はとくに論文調の硬いものは今でも苦手であり克服しようとも思わない。

２０１５年3月に42年間の大学図書館生活に終止符を打って、私の図書館人生は終わりを告げた。研究助成委員会の委員が勧めてくれた本の出版もこの時に忘れ去ってしまっていた。人生航路を描くこともなく職場から切り離された翌日の４月1日はまるで足が宙に浮いたようで、茫然としていた。背負って歩いてきたものが日付と共にすべて消えてなくなったからである。この日私はまさに霧に包まれた。ところが気が付くとは霧の中にも微かに一本道が見えた。向こうから人生がやってきたのである。霧の一瞬の晴れ間にチャンスが訪れた。偶然という産物がそれである。在職中に明治大学新和泉図書館を立ち上げて見学者案内を主たる仕事としていた頃に、その縁で私の未来の人生を指し示す人が現れたのである。新図書館案内というものが、他大学の友人を得るというチャンスをもたらしてくれたと言える。それは芸術系大学図書館員との出会いである。その人は毎日夜遅くまで働きながらその一方、社会人向け大学院で研究に勤しんでいた。私は退職と同時にイタリア語を新たに学習し始めていたが、実はそれだけでは心は満たされなかった。在職中にやるべきことをしていなかったという後悔の念である。大学図書館員は大学院を修了したほうが良いという思いが連綿と心の中に潜んでいたからである。だから私よりはるかに年下のこの友人が大学図書館で働きながら、その傍ら放送大学大学院で修士論文に取り組んでいる姿を見たときに自分の過去を振り返って愕然としたのである。できない、あるいはやらない言い訳はいくらでもできる。私の人生は言い訳で塗りつぶしたくない。そしてその瞬間、船の舳先が変わった。この時、彼の生きる姿勢を見て私は生涯学習、生涯現役を確信したのである。

しかし断っておくが、学歴が高ければ良いというものではない。知識がたくさんあり、知能が高く、したがって語彙力があり言語能力に優れていてもそれだけで人生の何たるかを分かることはできない。肝心な点は知恵である。他者と交わる中で、相手がどういう感情を抱いているかを理解できる能力を持たなければならない。他者を批判的に評価することに奔走する知識人であってはいけない。多様な人間のひとりが自己であるという視座を持たないかぎり、学歴はなんの意味もない。知能研究から知恵研究へと世の中は舵を切っている。そうでなければ霧は晴れない。

明治大学新和泉図書館見学の案内をほぼ毎日のように行っていく中で大勢の知人に恵まれたことは予期せぬ人生航路を開いたと言える。他の図書館員と繋がるということは様々な幸をもたらすことになる。偶然の必然とはよく言ったものである。そしてさらに新図書館のホールで私が企画して始めた「ビブリオテーク・バトル（図書館合戦）」に集まってくれた大勢の人々との間に人の輪が生まれたことも偶然の賜物であった。ビブリオテーク・バトルとはビブリオ・バトル（書評合戦）の図書館版であり、バトラー（発表者）が見学して良かったと思う図書館を紹介しあうゲームである。さらに図書館員が元気になるようにと退職間際に始めた「人物図書館（パーソン・ライブラリー）」が私に新しい世界をもたらしてくれた。どこで何が起きるか分からないのが人生である。そして人生は航路である。出歩く、参加する、出会う。それが郵研社の社長との出会いであった。まさに偶然の連鎖がここにきて本になった。四国大学図書館の職員が読んでくれていた私のエッセイが、研究助成委員会で話題になり、こうして形になった。霧の中に一本道があって、晴れるたびに道が拓けていったと言える。

＊　＊　＊

明治大学和泉図書館で生まれた

2016年10月1日に愛知大学名古屋図書館で開催されたビブリオテークバトルの案内

「ビブリオテーク・バトル」は２０１５年３月５日開催の第6回イベントをもって和泉図書館で幕を閉じたが、２０１６年10月1日に愛知大学名古屋図書館で復活した。以後引き続き２０１７年10月にも愛知大学名古屋図書館で開催されている。

振り返れば退職する2か月前に東京工業大学附属図書館で図書館見学会があった。その時に定年退職最後の思い出として見学会に参加したのであるが、まさにこのときに定年退職後も生涯現役に繋がる鍵がもう1本隠されていた。見学会が終って帰るときに見知らぬ女性から声がかかった。どこで私の素性を調べたのかいまだに定かではないが、東京都立図書館の課長から私に都立図書館協議会の委員になってほしいとの打診であった。4月からどうせ暇になるからと考えたのかもしれないが、私も暇だからということで訳も分からないうちに委員を承諾してしまった。偶然とは恐ろしいものである。これが生涯現役に繋がるチャンスだとは思わずに、1期だけではなくさらに2期目へと引き受けてしまった。そうこうして毎日が過ぎていく最中に、日本大学芸術学部図書館の知人から日本大学芸術学部にて講演会があるということで呼ばれて行ったことがある。新和泉図書館在職中から繋がっていた日本大学芸術学部図書館員からの誘いであった。行ってみると講演者にデヴィ・スカルノ元インドネシア大統領夫人がいた。テレビで活躍しているタレントだが、彼女の生い立ちを聴いていてたった一つだけ忘れられない話があった。それは、人生は誰にでも等しくチャンスというものがある。それをチャンスだと思うこともなくボーっとしていると、せっかくのチャンスが逃げて行ってしまう。チャンスはつかまえたら絶対離さないことである、という言葉であった。一時期は彼女のこの言葉が身に沁みた。チャンスだと思う心を養うことが、生き惑う私には必要だった時代が確かにあった。だから頷いたと言える。しかしいま思えば、そういう生き方が良いとばかりは言えない。転機というものは向こうからやってくる。乱世であればあるほど、待つ心が大事である。ボーとしていても良い。現実をありのままに受け入れれば、やがて霧が晴れる。

２０１５年４月から退職と同時に私は東京九段のイタリア文化会館でイタリア語を週1回習い始めた。大学図書館員時代の、それも20歳代のころから心に決めていたような、決めていなかったような、ただぼんやりとした願望であり、憧れであった。そしてその憧れは40年の時を経て退職と同時に一挙に噴き出した。片道1時間30分の道のりを飽きもせずに延々と続けている。その一方で年に4～5回の都立図書館協議会に出るのだが、公共図書館については何も知らない。図書館という名前は同じだが大学図書館とは様相が違う図書館なので、公共図書館について学習しなければならない。遠ざかる風景になったはずの図書館がまた立ち現れたのは宿命とも言える。誰かに言われたことがある。私は退職したらそれまでの私ではなく、まったく別人になってしまったと。そう、私は一度死んで生まれかわったのだ。言い換えれば図書館員は二度ベルを鳴らす。図書館員が箱に籠った、まるでだめな人間であるかのような言い方をされてもしぶとくここまで生きてきたが、箱に籠っていようとも、まさしくそれ故に42年間のキャリアが認められてオファーがかかった。だから生きる意欲が湧き水のように湧き出てきた。その意欲とは未熟な自分を奮い立たせる勇気であった。退職後2年目にして67歳になって放送大学大学院人間発達科学プログラムで科目履修をすることにした。

もう図書館員でもないのにいつまでも図書館に関わり続けるのは心苦しい。

川の流れと同じでさっさと去るのが去り際というものである。これを美学と言うならば、美学の末路は寂しい。だから日に日に遠ざかる風景は徐々に曇り硝子になる。思い起こせば20歳代のころに出逢ったガラス工房の街・ヴェネチアは散策したくなるような雰囲気があった。またパリのノートルダムやシャルトルの大聖堂のヴィトローは光を浴びて神々しく映っていた。あれはたしかに慰めであったが、私の硝子はいまや曇り硝子だ。この頃目にし、耳にする大学図書館の変化は驚くばかりで、とくにカタロガーを生業と思い込んでいた自分にはとてもついていけない分野が拡大している。もう現場仕事ができない境遇であり宿命であるために知識が枯渇してどうしても追いつかないのである。焦り、いら立ち、諦め、慰みと心は揺れ動く。考えてもどうする術もない。こうしたいという想いを押しとどめる切なさ、何も手出しはできない諦め。もうすべてを断ち切ってしまえばいいのだが、なぜこうも跡を曳くのであろう。毎日が問いかけの連続である。そしては問いがあるけど答えは返ってこない。分かっていることだが、人生は問いの連続であり、答えなどない。「足るを知る」の域に達していないのだ。本当は空っぽの図書館員であったからこうも焦るのであろう。坂道は霧に覆われていた。

思えば、図書館は人を育む場でありながら、私は人を知ろうとしなかった。働くとは交わることである。しかし日々同じ言葉で語り、同じものを見ているのに意志が通じない。それは私が見ているものとあなたが見ているものが、実は違うのではないか。ものの見方が違う。そういうことに思い至った。放送大学の心理学の科目を聴いていて激しく心が揺さぶられた言葉が「見ているものが違う」であった。それはまるで霧が晴れていくようであった。進むべき道が突如として現れる。明確に言えば、図書館員である前に人としての道である。そこでまずは大学院科目の発達心理学や社会心理学、さらには教育心理学について学びながら、ゆくゆくは教養学部の心理学科目を36単位取得して認定心理士になる道もある。資格は要らないが、生きるには明確な目標があったほうが励みになる。自分らしくある道を問う。子どもから社会人まで、さらには高齢者の心理的特徴を知ることは、しっかりと人生を全うできる道に繋がるのではないか。公共図書館に関わり続ける今、もう一度やり直したい。大学図書館は遠い幻影であるが公共図書館はいつでも目の前にある。図書館ボランティアになろう。図書館が私に何かをしてくれるのではなく、私が図書館に何かをすることが大事ではなかろうか。私は図書館のお客様ではない。そう考えて図書館ボランティア友の会に２０１７年４月に入会した。埼玉県飯能市立図書館ボランティア友の会が人生の扉を開いてくれた。

飯能市立中央図書館への道

飯能市立図書館への道のりは緩やかな登りであった。自宅のある東京都昭島市からはＪＲ青梅線昭島駅で電車に乗って隣の拝島駅でＪＲ八高線に乗り換えて行くのであるが、それがまたゆったりした小旅行のような感じである。昭島駅から30分強で東飯能駅に着いてここから徒歩20分で市立図書館に行くには、電車の本数が少ないせいで距離の割には時間がかかる。それでも車窓から流れる森や林、人家の佇まいはいつか見た信州を思い出させ、昭島から立川経由で都心に向かうのとは全く違う安らぎの風景がある。東飯能駅から図書館に向かうのは毎月第４土曜日の午前であるせいか、向かう道には歩いている人影がほとんどない。人家に沿って歩くのであるが、人に出会うのは数少ない。この図書館に惹かれたのは、建物の美しさではなく努力する図書館員がそこにいたからである。図書館員のたゆまぬ努力を私の感覚ではなく客観的な数値としてみることができるものがある。それが飯能市立図書館の平成29年度図書館評価指標である。「平成28年度サービス評価指標達成状況の概況」で私が最も注目した最初の目標「基本サービスの向上」の指標1「図書館職員の研修受講」である。目標値がポイント制になっており、目標値50ポイント、実績値82ポイント、達成率164％となっていた。そして続く「サービス評価指標達成状況の詳細と平成29年度目標値」の「図書館員の研修受講」にはこう記載されている。「職員のレベルアップがサービス向上に直結すると考え、図書館関連の研修への参加をポイント化し、目標値以上のポイントになるように努力することで、職員のレベルアップに繋がることを目的とするものです。研修の参加だけではなく、外部講師経験や認定資格保持者、休日を利用した自主的な学習に対してもポイントを認めます。」これをなんと形容すればよいか、強いて言えばわくわくするような制度である。最後の一文「自主的な学習に対してもポイントを認めます」がとくに心に響く。また認定資格にもポイントが付与される。認定資格とはおそらく日本図書館協会の認定司書であろうが、日本心理学会が認定する民間資格の認定心理士もあり得るはずである。もしそうならば納得がいく。「図書館は心の病院である」という言葉を耳にしたことがある。図書館は人が課題、あるいは悩みに向き合う場であり、図書館

飯能市立中央図書館

員は悩める人と関わることを生業としている。だから認定心理士になるのも図書館機能を充実させるためには意味がある。間違えてはいけない。認定資格が目的なのではなく、資格は自己課題であり、目的はその先にある。ある公共図書館の管理職は司書資格に加えて心理系の「心の病院長」を実践していることを知った。ところで飯能市図書館職員のポイントがどのように付されているのかを見てみると、図書館ホームページではこのようになっている。「第2次飯能市図書館サービス・運営計画（平成28年度〜平成32年度）」から引用する。

飯能市立図書館職員の研修受講等ポイント規定

1　埼玉県・日本図書館協会・大学等それに準じた団体の主催する図書館業務に関わる研修の出席
半日（2〜3時間）1ポイント新人研修の参加については、2分の1のポイント数で計算する。全日（5時間以上）2ポイント新人研修の参加については、2分の1のポイント数で計算する。埼玉県図書館協会・日本図書

館協会等の委員会で委員を務めた場合。１ポイント
自費での申込かつ職場で情報提供した場合。１ポイント
パソコン・出版・プレゼンテーション・学校関連の研修参加０・５ポイント。

2　図書館業務・司書業務に関する内容の講師を担当する場合
１のポイント数の２倍の数を付与する ×２

3　図書館職員に関する資格取得
認定司書取得・更新年：５ポイントそれ以降は３ポイント。認定司書は
10年更新
図書館司書３ポイント。
司書補２ポイント。
司書教諭２ポイント

4　図書館関連誌に文章掲載する場合。またはそれ以外のものに図書に関す

る文章を掲載する場合
1000字以上3ポイント
8000字以上2ポイント
4000字以上1ポイント
掲載が確認できた0・5ポイント

5　自分の時間・費用を使っての図書館見学（関係施設も含む）を行い職場に情報提供を行う場合
図書館見学（関係施設も含む）1か所につき0・4ポイント

6　自館での館内研修を企画・実施する場合
1時間以内0・5ポイント
1〜1・5時間1ポイント
1・5〜3時間2ポイント。
ポイントとはひとりの図書館員が50ポイントを目指すのではなく図書館員の

総体として目指す数字であり、必然的にそこには連帯感が横たわっているとみるべきである。それにしてもとにかく細かい。言うまでもないがこれは個人の昇進に直結するものではなく、働く者の意欲を掻き立てるツールとして有用なものである。そして肝心な点をこの図書館組織人はスキルとはどういう風にあるべきかと提示している。というのはひとの育成というものはハードスキルとソフトスキルが合わさって初めて意味をなすものだからである。ハードスキルとは認定司書のような資格であり、あるいは語学検定のような数値化できるスキルである。一方ソフトスキルとはコミュニケーション能力やプレゼンテーションあるいはファシリテーション能力のような数量化できないスキルのことである。秀逸なのはソフトスキルまで数値化して評価指標とした点である。凄いことをやってのけている。ところで私の思い込み違いも甚だしいもので、残念ながら認定心理士にはポイントは付与されないのである。心理学は図書館員には現段階では注目されていないのかもしれない。人の心理と行動について学ぶことはまだ夢の中である。東飯能駅からここまでは未来に繫がる坂道、霧の坂道である。霧がまたしっとりと降りた。

図書館員と心理学の絡みが気になってインターネットで調べていたら学校司書研修講座【基礎コース】に発達心理学の文字を見つけた。その概要には最初に「教育学や発達心理学、図書館情報学、学校図書館学等の基礎を研修していただきます。」と謳っている。ところで心理学には10以上の専門分野がある。その中でとくに発達心理学は司書教諭と同様に学校司書が学ぶべき科目として重要である。また公共図書館員にも関係する科目である。なぜならば人の生涯というものは一生を終えるまでは常に発達と展開の連続であり、発達心理学を通して人のこころの発達過程を理解することは対人業務にはプラスになることはあってもマイナスになることはあり得ない。司書は元来、資料と同時に人と共にある職種だからである。大学図書館員も教育の場としての図書館の積極的活用を推し進めるには、心理学は必要な学問知識である。しかし大学図書館関係の研究団体に個人で加入してみて、その会報などをみても「図書館のこころ」を扱った論稿を読んだことがない。

図書館はと言って一括りにする発言を耳にし、目にする時がある。その時は必ず図書館員はこうだと言ってステレオタイプ化してみせる。図書館サイン、図書館員の服装、図書館員の態度を世間やマスコミがどう見ているかという視点で述べる。ではそういうあなたはどうなのか？　実は物事の本質は見えるのではなく見えないところにある。あなたの目には見えないものが見えているのですか？　見た目で物事を判断し、動かすことが何をもたらすか？　さらに言えば、図書館員にそういう球が投げられると、あるものは自己弁護に追われ、自分はそうではないと弁解して他人事にしてしまう者がいる。しかし自分のことは自分が一番わかるというのは嘘である。あなたは自分の顔を自分で見たことがありますか？　鏡に映った自分は自分ではない。だから人はどれだけの経験を積んでも、見ているのはごく一部である。経験を積んだ人が経験を基にして言う言葉にも違和感がある。経験とは何か？　それは対象物と一体となって透明になって初めて感じる心の窓である。何年も図書館員生活を積み重ねても生き惑う我らであるからこそ、もっと言葉を大事にして発しなければならない。図書館員だけで図書館を創っているのではない。様々な、多様な関係者がいて成り立っている。だから図書館を全体としてみることが大事な点である。

ある公共図書館で読書会に参加したときに、隣に座った年配の女性が言った言葉がある。人種差別との闘いの実践記録を扱った本「青い目茶色い目」(日本放送協会出版　1988)を私が紹介した後、会が終って帰り際にその人がこう言った。「こどもに普通ってなに？　常識ってなに？　と言って聞かれることがあるが、私は普通というのはないと思うと答えます」この人は元小学校教員だと言った。実はこの問いと答えは重要である。そのときにふと心の奥底から沸き上がった問いに図書館の常識ってなに？　があった。あなたの言う常識ってなに？　普通とはなに？　実はあなたにとっての普通と私にとっての普通は違うのではないか？　肝心な点は常識を捨てろとか常識を疑え、ではなくてあなたの言う常識はどの社会の常識なのか？　ということを問うことから始まるのではないか。「青い目茶色い目」の舞台となった町は、人口1000人未満で、住民に一人の黒人もいないアメリカの小さな田舎町である。この町の住民の常識と黒人がたくさん住む都会人の常識が同じなのかどうか。わが身に置き換えれば小さなムラ社会、あるいは図書館という世界が、他のもっと広い世界の常識と比較してどちらが普遍的であるのか？　もっと言えば、性別、出自、国籍、人種ではなく人間としてどうあるべきなのかが問われるべきである。図書館に目を向ければ、図書館の改革が必要だと考える契機はいったいどこで生まれるのか？　それは図書館員が街に出て話しを聴き、納得することから始まるのではないか。世間が図書館を普通はどう見ているか、という問いの立て方ではない。主体的である私の、あるいは私たちの心の中こそが問題なのであって、世間というバイアスから自分を見ようとすることではない。人の生き方というものは世間を気にしながら生きることではない。

図書館の見方を変えていく、あるいは図書館の世界に新たな意味を提示する試みが日本のあちらこちらで見られる。それは自己との対話と探求心から生まれる。その根底には「見えているものが違う」という人間固有の根本的な部分があるからである。例えば図書館内のサインは人それぞれ受け止め方が違う。図書館員の心のあり様とこれを見る人のイメージに差が出る。当たり前のことであるが、そのことをよく理解しなければならない。とりわけ上から目線、断定的、自分の考えを疑わない、ということが図書館という器の中に蔓延することに違和感を覚える。疑ってかかれというと相手を疑うことに走ってしまうが、実は自分を疑うことが肝心な点である。人の感性は環境にも左右される。

昭島から拝島に向って玉川上水の緑道を散策すると、木々が光を浴びて輝くときは気持ちがいいが、横田基地から低空で通過する軍用機の爆音を聴くと木々の緑も川のせせらぎも小鳥のさえずりも何もかもかき消されてしまう。この場所は自分とのコミュニケーションの道なのである。現実に戻ればたしかにコミュニケーションがネット上では活発に行われている。それは孤独感を埋めてくれるように見えるが、実はそうではない。孤独というのは、本質的に自分自身とコミュニケーションすることで、内面的な言葉でしかその溝は埋まらないものである。図書館でコミュニケーションと言えば、職場の人間関係や利用者とのやり取り、接遇に心が向きがちであるが、本来は自分とのコミュニケーションがあってこそ他人とコミュニケーションができるのであり、それを生み出すのが言葉であって、言葉を定義することが日々の暮らしの中で大事なのである。もっと言えば、自分の内面に言葉を響かせることができるかどうか、困難を乗り越えなければならないときにこそ自分とのコミュニケーションができているかどうかが大事である。図書館には言葉が数多く飾られている。そのひとつがサインである。サインは利用者に向けられるものであるが、本来は自分に向けられるものである。自分の内面に届く言葉でなければ相手にも届かない。不快を感じる言葉だとしたら、それは下手なコミュニケーションである。また同じ表現のサインでも環境によって生きたり死んだりする。最近はデジタルサイネージが流行っており、図書館でも採用しているが、あれはどうであろう。機能的であって良いというのは図書館側であって、単なる風景にしか見えないということも言える。

もう答えの出るような生き方はやめよう。人生に答えなどない。答えを前提とした生き方は確かに楽そうに思えるが、そういう生き方は楽しくない。予定調和的な生き方は生きがいにはならない。自分がどこに向かっていくのか、どれだけ変わっていくのか、そういう変化を楽しむこと、それが人生であり、生涯学習はその手段である。だからその変化を目に見えて支えるものが公共図書館の担うべき使命であろう。私は大学図書館勤務を振り返り公共図書館を見るときに思うことがある。それは評価ということである。図書館のホームページには必ずと言っていいほど、「評価」の項目がある。実に暑苦しい。自己評価であったり他者評価であったりする。しかしたとえ暑苦しくても評価しなければばならない。そこでどうせ評価するならば、毎日の仕事の結果、つまり貸出冊数や入館者数やイベント数を集めて数字を積み重ねて判断するのではなく、どれだけ図書館の種を播いたかを判断の材料にするべきではなかろうか。仕事というのはたとえ半分の人々には嫌われたとしても、むしろその方が後世に伝わる良い仕事になる。種を播いて挑戦を続けることに価値がある。我々はまさに霧の中の人である。

およそこの世の中は答えを出すことに長けた人が成功するようになっており、ひとつの問いにひとつの答えしかないというような雰囲気が漂っている。そして評価とは答えを求める過程なのだ。それは際限のない欲望のようにも思える。評価を読むとなぜか疲れるのはこのせいだ。ところで、良い図書館というものはあるだろうか？　そもそも人が生きるということに良いも悪いもないように、図書館に良い図書館とそうではない図書館があるのだろうか？「図書館思う、ゆえに図書館あり」ではなかろうか？　図書館員が仕事に誇りを持つこと、それは図書館が真に図書館的になることである。たとえ「図書館員っぽい」と言われようとも、徹底的に図書館員らしくあれば、きっと霧は晴れる。間違っても逃げてはいけない。

モノや情報だけでわたしたちの「生」が満たされるわけではない。本や情報だけで私たちの「知」が満たされるわけではない。図書館に情報館を付け加えればわたしたちの「知ること」が満たされるわけではない。満たされるには言葉が必要である。その言葉は自己との対話、他者との対話によって生まれる。そこでは既成の言葉ではなく新しい実感のある言葉が必要である。誰かの意に添うように、誰かの名前の下に開かれた華々しきセレモニーよりも、ほんの10人前後の双方向の対話にこそ実感のある言葉が生まれる。図書館には対話する空間と同時に内面の促しを誘うような閉じられた空間が必要である。図書館建築において重要なのは自己との対話を促す作りである。人が変化するには他者からの押し付けではなくて内省こそ肝心な点である。硝子張り、見える化、イベント広場、カフェに目が行きがちであるが、そうではなくて人が自分とじっくり向き合える場の構築こそ大事なことである。人との接触、人との話し合いは手段であって目的ではない。人が変化し、成長するには内省が必要なのである。

建築技術の発達に影響されているとはいえ、お手軽で見栄えのよい図書館がたくさん建っている。要らなくなれば解体してまた作ればいい。100年200年持たせるなど眼中にはないのが日本の建築である。だから遺すものは建物ではない。では何が遺るのか？　それは中身である。中身を伝えていくという営みを、日本大学芸術学部図書館の元館長はこう言った。「中身で勝負する」彼は今できることのひとつが、図書館が資料を編んで発行すること、そして図書館活動誌を発行することだと言った。そして世に影響を与えた思想的漫画研究書と図書館活動誌「日芸ライブラリー」を発行した。一方、わが身を振り返れば明治大学図書館は「図書の譜」という図書館紀要を発行し続けている。大阪府立図書館紀要もその例である。大学図書館に限らず公共図書館でもできることである。なぜならば図書館員ならば誰もが思索の樹海にいるはずであり、図書館員は研究発表にはもっとも至近距離にある。思索の樹海で行き惑うことがあれば外に出て人と混じり合うのが良い。思索と交流の繰り返しで人間発達というものが現れるのである。発達するのは図書館ではなく図書館員である。図書館員と司書はイコールではない。

見えるものではなく、見えないものにこそ物事の本質がある。経験と体験は厳密に区別されなければならない。そこで経験の本質とは体験を積み重ねるのではなく、ひとつの対象物に向かって、物事の本質に迫ろうという経験の純化にあるのではなかろうか。それは対象物が対象ではなく自己と一体となることである。私は人生において数多くの違った図書館を見てきた。見ても、見てもそれは見るだけであって、内面に変化はなかった。しかし霧の意味を理解したとき、見るのを止めた。私は42年間、たったひとつ図書館にいた。たったひとりの図書館員として実在した事実を考えることに注力すべきであることが分かったからだ。肝心な点は図書館の外観でも内観でも、サインでも図書館員の服装でも、そういう見えるものではない。ひとつのもの、ひとつのことに向き合う姿勢が大事であり、心が変化することを感じる姿勢が大事である。肝心な点は、積み重ねた経験が横に連なり、そして透明になるということである。霧の中にいる自分を感じるとき、図書館員である自分の生き方が霧の中から立ち現れるとき、そのときが霧の坂道を登るときである。そしてあらゆる変化がこうして起きるのである。

おわりに

人物図書館は自己を物語る「語りのコミュニケーションツール」として、一夜限りの跡形もなく消える会でした。はじめはその場かぎりで目に見える形で残らなくても良いという趣旨でした。語りとはそういうものです。ところが出版話が持ち上がった頃に、人物図書館で撒いた種が北海道大学の研究所図書室で「リサーチ・コモンズ」として芽吹き、また東京のある区立図書館で「あの時を語る人物図書館」となって花咲くことになりました。さらにはこの「おわりに」の文章を書いている時に埼玉県のある県立高等学校の図書館で「人物図書館」を２０１８年12月下旬に開催するという知らせを受け取りました。誰も知らないところで何かが起きている。まさに霧の晴れ間に希望が見える坂道だと実感しました。

本書は私の意志ではなく幾つかの偶然が重なりあってできました。それはある人との出会いにあります。その人の名は砂生絵里奈氏です。「認定司書のたまてばこ」（郵研社２０１７）の編著者です。事の発端は平成30年２月６日（火）に埼玉県新座市の十文字学園女子大学で開催された「図書館基礎講座 in 首都圏」（主催、日本図書館協会）に遡ります。

砂生氏は特定の図書館組織に属さない「独立系図書館員」であり、図書館活動を個人で行っている私の同志です。彼女が図書館基礎講座の事務局を担当していたので会場に伺いました。そのとき、もう一人のある人に出会いました。それは午前の講座が終って帰路に就こうとしたときに、校舎のエレベーターホールで声をかけてくれた人でした。その人が登坂和雄社長でした。すぐに名刺交換をさせていただきました。これがすべての始まりだとはその時は思ってもいませんでした。繋がりはここからです。翌週2月13日（火）の連続図書館基礎講座に砂生氏が講師になったワークショップがあり、ここで登坂社長と再会して同じグループに偶然なりました。この機を逃すものかと、翌月3月2日（金）に新宿で開催予定の第11回人物図書館に社長を思い切って誘いました。そして大変ありがたいことに人物図書館に参加してくれました。出版社の社長が人物図書館に参加してくれたのは今回が初めてでした。散会して帰りがけに、登坂社長から人物図書館を本にしてみないかという話がありました。思いもよらないことに即答はできませんでした。

人物図書館はその場限りのはかない運命の会です。組織だったものではありません。会の記録など残っていません。それゆえ記憶を記録する困難さがすぐに頭をよぎりました。だが、ちょうどその数日後に、東京都のある区立図書館から人物図書館の手法を用いたイベントをやりたいので協力してほしいという依頼がありました。正直言って驚きました。まさかという驚きです。人物図書館についていったいどんな話ができようかと迷いました。個人的な趣味のようなゲームだと言われれば返す言葉もない、砂漠の蜃気楼の化身です。しかしそこまで人物図書館が参加者の心に残っているならばもう後に引けないと覚悟を決めると同時に、それならば人物図書館を一冊の本にしてみよう、足りない部分は私のエッセイを載せようと心を決めて出版の受諾をしました。ところがそうは思っても２０１５年２月まで遡って、はたして何人が物語を記憶しているだろうかという不安がありました。そこで、フェイスブックならば繋がりがあってなんとかなるだろうと思い、繋がりのある友人で投稿してくれそうな人に直接依頼しました。

人物図書館への参加者は延べ１８８人です。字数はひとり１５００字から３０００字で平均２０００字を目安に、30人を下回らないことを目標にしていました。ここからが冷や汗の日々でした。フェイスブックの友人の中で誰が投稿してくれるだろうか？そこで46人に依頼して38人が投稿してくれました。ほんとうに危ない賭けでしたが、友情に救われました。この場を借りて、皆さんに心からお礼を申し上げたいと思います。またこのほかに人物図書館に自ら参加していただいて「推薦のことば」を寄せてくださった野末俊比古先生と、非参加者ですが人物図書館の本になりたいと特別寄稿をしてくれた友人に感謝したいと思います。なお、人物図書館は投稿者に配慮して所属機関名や肩書、実名、ニックネームは自由記載にしています。

本書の企画から陰で支えてくれた砂生絵里奈氏、そして登坂和雄社長、推薦のことばを快く引き受けてくださった野末俊比古先生に重ねて心から感謝を申し上げます。

２０１８年12月

坂口雅樹

人物図書館 開催記録

	開催地	年月日	参加者数
1	長野県塩尻市	2015年２月28日	18 人
2	愛知県名古屋市（１）	2015年5月1日	17 人
3	北海道札幌市	2015年8月24日	10 人
4	大阪府大阪市	2015年10月29日	13 人
5	長崎県長崎市	2015年12月12日	12 人
6	愛知県名古屋市（２）	2016年3月16日	30 人
7	宮城県仙台市	2016年7月30日	17 人
8	埼玉県坂戸市	2016年11月19日	12 人
9	京都府京都市	2017年2月24日	10 人
10	神奈川県横浜市	2017年6月10日	25 人
11	東京都新宿区	2018年３月2日	24 人

延べ参加者数　188 人（2018 年 3 月 12 日調べ）

〈編著者プロフィール〉

坂口　雅樹（さかぐち　まさき）

1950 年新潟県両津市（現・佐渡市）生まれ。
1973 年明治大学を卒業後、同大学に入職し図書館員となる。図書館に 42 年間勤務し、2015 年 2 月に日本初の人物図書館を主宰して、同年 3 月に定年退職後は図書館員の育成に人生を捧げる。
東京都立図書館協議会委員。自称独立系図書館員。

カバー・表紙デザイン　Ma-Yu-Ya-Ta-Ke
地図製作　おちあいエミ

人物図書館《じんぶつとしょかん》
〜ひとはだれでも一冊の本である〜

2019 年 2 月 4 日　初版第 1 刷発行

編著者　坂口　雅樹　
発行者　登坂　和雄
発行所　株式会社　郵研社
〒 106-0041　東京都港区麻布台 3-4-11
電話（03）3584-0878　FAX（03）3584-0797
ホームページ http://www.yukensha.co.jp
印　刷　モリモト印刷株式会社

ISBN978-4-907126-21-6　C0095
2019 Printed in Japan